自宅で
年収1000万円
「ひとり代理店」で稼ぐ
新しい起業の教科書

初期費用ゼロで、誰でもできる超具体的ノウハウ

小宮絵美
Komiya Emi

日本実業出版社

はじめに

起業して年収1000万なんて、夢のまた夢と思っていませんか？


私が行っていることは、誰にでもできる簡単なことです。それを積み重ねてきただけです。そして、どんな地域に住んでいても、年収1000万円は自宅で叶えられます。

「それって特別な能力を持った、頭のいい人の話じゃないの？」

そんなことはありません。

その実体験を進行形の私が、ひらり宣伝社代表の小宮絵美です。


私は商業高校を出て短大に進学し、本書を書くまで学歴にコンプレックスを持っていたほどです。そんな私がはじめた起業は、全国でも希少な「ひとり代理店」です。仕事は、お客様の販売促進のお手伝いをする「広告代理店」です。

この「ひとり代理店」の起業ノウハウを、泥臭い実体験とたくさんの実践例を紹介しながら、余すところなく詰め込んだのが本書です。

初期費用もいりませんし、経験・資格・専門知識も、デザインセンスも必要ありません。

仕入れをして在庫を持つことも、事務所や店舗の契約も必要ありません。

それなのに、なぜ稼ぐことができるのか。実際にどのようにお客様を探し、どのように声がけをし、どのように仕事を広げてきたのか、そのすべてを紹介しています。


自宅で副業・起業をはじめたい人、子育てや介護・転勤など家の事情でキャリアを手放さなければならなかった人に、どこにいても自宅起業ができることを伝えたいのです。

本書出版前にこのノウハウをあるセミナーで紹介したところ、「ひとり代理店はわたしにもできる」「定年後にやりたい」と副業・起業の選択肢として考える方もいました。

異業種の方からは、「個人事業をはじめる基盤となる内容」「どんなビジネスにも応用できる」と、声をいただきました。

誰でもできるのに誰もやっていない、新しい「ひとり代理店」起業。本書が、あなたのスタートとなることを祈っています。

2024年3月

小宮絵美

自宅で年収1000万円「ひとり代理店」で稼ぐ新しい起業の教科書◆**目次**

CONTENTS

第2章

具体的には、どんな仕事をするのか？

第3章

実践！「ひとり代理店」として最初の売上げをあげよう

第4章

仕事がどんどん舞い込む営業術・仕事術

第5章

定期的に依頼がある「おいしい仕事」で売上げを安定させる

第6章

お客様の紹介が続いていく仕事の進め方

第7章

《実践例》ひとり代理店で年収1000万円をめざす仕事の広げ方

カバーデザイン／吉村朋子
カバーイラスト／福士陽香
本文DTP／一企画
企画協力／ネクストサービス株式会社　松尾昭仁

第1章

経験なし・センスなし・お金なしでできる「ひとり代理店」

1 「ひとり代理店」の仕事は「販促のお手伝い」

「できる人にやってもらう」のが「ひとり代理店」

「売上げがあがらない」と悩んでいる人はたくさんいます。

「チラシのポスティングをするとご近所のお客様が来るかも」

「ダイレクトメール（ＤＭ）を出したら新商品のＰＲができるかも」

「メニューのデザインを一新したいけど、うまくいかない…」


売上げをあげるための方法はたくさん思いつくのに、時間がない。あるいは、時間がないのではなく、日常の業務以外のことは「できない」「したくない」と、どこかの誰かに頼みたいと思っている人もいます。

◆代理で販促をするのがお仕事

その「誰か」になるお仕事が、「ひとり代理店」です。

「代理店」ってなんらかの資格が必要だったり、どこかに登録しないとできないんじゃ…。

マーケティングの経験や知識もないから、できそうにない…。

美大や専門学校を出てないからセンスもないし、デザインもできない…。

大丈夫です。**資格なし・経験なし・センスなしでもできるのが「ひとり代理店」**です。

もう少し正確に言うと、「ひとり広告代理店」となります。

要するに、忙しいとかやりたくないとかの理由で、自分たちではできそうにない販売促進策のあれこれを、会社や個人のために代理で行っているのです。

◆できる人のセンスや技術を「借りる」だけ

ですから、「ひとり代理店」は資格も必要ありませんし、どこかに代理店登録をしなければならないわけではありません。ただ名乗るだけ。

美大やデザイン専門学校を出ている必要はありません。私はデザイン系の勉強をしたことがなく、デザインセンスどころか、マーケティングの専門知識もありません。高学歴である必要もありません。

マーケティングの経験や知識がなくても、デザインセンスがなくてもできるのです。

あなたが持っていない経験や知識、センス、技術は、「できる人に借りる」「できる人にやってもらう」だけでいいのです。

あなたが、ひとり代理店の仕事として、チラシのポスティングを依頼されたとします。もちろん自分でもできるでしょうが、「時間もかかるし、暑いし、やりたくない」と思えば、「できる人にやってもらう」だけなのです。

そう、**「ひとり代理店」は、「できる人に仕事を振る」ことが仕事**です。

◆パソコンがあればいつでもどこでも仕事ができる

「できる人に振る仕事」だから、副業として始めても、起業したとしても、事前に専門知識を身につける必要はありません。

パソコンさえあれば仕事ができるので、わざわざ事務所を借りる必要はありません。オンラインで対応でき、いつ、どこにいても仕事ができます。

私自身の体験として、夫の転勤と共に「福井→愛知→広島→愛知」と自宅が移動していますが、それぞれの場所で新しいお客様が増えていっています。そして、転勤してもお客様は減らず、全国各地に増えています。

始めたきっかけは広告代理店

ここで少し私自身の話をさせてください。

システム会社の営業や精密機械部品の製造会社の営業事務を経て、システム会社時代にオファーを受けていた広告代理店に入社しました。

社員5名ほどの地方の広告代理店で、大きな仕事があるわけではありません。知識もスキルもない状態で、「できる人に仕事を振る」ことしかできませんでした。

でも、小さな仕事をコツコツ積み上げ、入社半年で１８００万円ほどの売上げをあげることができました。

システム会社で営業をしていた頃、営業会議で来月の売上げ見込みさえ言えず、数年かけても計上できなかった金額です。それなのに、代理店で「できる人に仕事を振る」だけで、入社半年でこんなにも売上げがあがるのかと驚きました。

◆代理店は人に仕事を振れば売上げがあがる

当時、他の社員から引き継いだ仕事もありましたが、やっていたことは、受けた仕事を「できる人に仕事を振る」だけでした。

広告代理店ってなにをするところかもよくわからない、デザインの勉強をしたこともないし、センスもない。マーケティングや販売戦略などちんぷんかんぷん。実家が会社経営をしているわけでもなく、販売や経営を学ぶ機会はゼロでした。

少人数の代理店ですから、入社後の教育などはなく、即実践です。誰もデザインや販促のことを教えてくれるわけではありません。社長が数日同行してくれましたが、ただの顔合わせで、引継ぎをしただけ。

はじめての仕事は電動工具の中国語のカタログ作成でした。電動工具のこともわからなければ、中国語もわからない。なにもかもわからない状態で、やっていたのは「お客様から聞いたことをデザイナーに伝える」「デザイナーがつくってくれたものをお客様にメールで送る」だけです。

誰でもできる簡単な作業でした。電動工具のことも、カタログに入っている中国語を理解できるわけでもなく、それしかできなかったのです。

代理店への転職はとても不安でした。提案力が必要で、企画を出し続けなければならないとか、膨大なスキルや経験が必要だと思い込んでいました。でも予想は大幅にはずれ、資格も経験もセンスも知識もなくてもできる事務作業だったのです。

◆なにも知らなくても仕事ができる

実践例

自ら受注した初仕事は、めっき会社の会社案内の制作でした。以前、精密機械部品の製造会社の営業事務をしていたとき、よく立ち話をしていた社長のところへ伺ったのです。なにができるのかも理解していない状態で、提案ツールも持たず、「広告代理店に転職しました」と報告に行きました。

社長は「うーん」と悩み、「会社案内つくれる？」と聞いてきました。「はい、つくれます」と請け負いました。これが始まりです。

会社に帰って、「会社案内をつくってと言われました」と伝えると、「ここの印刷会社に聞いて、見積りを出して」「聞いてきた内容をデザイナーに伝えて」と教えてもらいました。

印刷会社から出てきた見積りに手数料を上乗せしてめっき会社社長にメールで送り、デザインができたら、お客様に転送。指示待ち人間でもできる、右から左への伝言役です。これで売上げが10万円になりました。

実践例

次に請けた仕事は、エステサロンの名刺でした。

「エステサロンを開店する人が名刺をつくってほしい、と言っている」と紹介を受けたのです。どんなふうにつくりたいのか伺うと、すでにイメージしているものがあり、こんなふうにつくりたいと絵を描いてくれました。

「ロゴはこれでね、住所などはこれ」と教えてくれました。それをそのままデザイナーに伝え、形にしてもらいました。「想像通りで、素敵！」と、そのまま納品となりました。

このとき、必要だったのは「聞いたことを正確に伝える」、ただそれだけです。

◆代理店ができる仕事はとても多い

この2社は、私が起業した現在もお客様です。めっき会社は、名刺、WEBサイト、発送用の箱、伝票、シール、ガイドブック、求人掲載などを依頼していただいています。エステサロンは、名刺、ショップカード、WEBサイト、ECショップ、メニュー表、年賀状、電柱看板、伝票、葉書、チラシ、封筒、シール、顧客管理ソフトなど、多岐にわたって制作しています。

ただ**1社担当するだけでも、代理店が担当できる仕事がこんなにもある**のです。

多種多様すぎて、「どんな仕事をしているの?」と聞かれると困ってしまうほどです。これほどの多くの種類の仕事をひとりでこなしていますが、恥ずかしながら知識やスキルはとっても浅いです。

難しすぎて理解できない内容もたくさんあります。知らないことはプロに聞けばいいし、やってもらえばいい。経験のない仕事も、まず「できます」と答えて、できる人を探せばいいだけなのです。

どんな仕事でも請けられる

できる人に仕事を振ればいいのですから、どんな仕事でも請けられます。

メールや電話、チャットやLINEを駆使して、青森から鹿児島まで、できる人に仕事をお願いしています。年に一度しか会わない大阪のデザイナーさん、10年以上会っていない愛媛の印刷会社の営業所長さん、一度も直接お会いしたことのない青森の大型バナー印刷会社さんなど、大勢の「できる人」に支えられています。

いろんなプロフェッショナルが全国各地にいるから、どんな要望がきてもこなすことができる。ひとり代理店でいるからこそ、仕事の幅が広がります。できる人たちを集めて組織化していないからこそ、給与という固定費も払う必要はありません。

◆今できる人がいなくても探せばできる

今や、会社に所属していなくても、できる知り合いがいなくても、印刷や製造のできる会社はネット検索で、なにかのスキルのある人はクラウドワークスなどのスキルマーケットを使えば探すことができます。会える距離にいる方に直接会って打合せをする必要はありません。知り合いからの紹介でないと信頼できないわけでもありません。

全国にいる「誰かのスキルで仕事を請けられる」ことこそが、最大のメリットなのです。「できる人に振る」、この伝言ゲームの真ん中の人ができれば、代理店はスタートできるのです。

2 あなたもやったことがある「代理店」の仕事

依頼者の意見を聞いて完成させる

あなたは、これまで年賀状をつくったことはありますか？
だいたい次のような手順でつくりますよね。
①年賀状の素材本や年賀状サイトでフリーのデザインを選ぶ
②自宅のプリンターで印刷、もしくはネット印刷に頼む

これなら、やったことがあるので簡単でしょう。これを他人のためにすると「代理店の仕事」となります。

実践例

11月のある日、お母様があなたに「年賀状つくってよ」と依頼してきました。これを代理店の仕事に紐づけ、私の仕事の流れを説明しましょう。

【ステップ1：ヒアリング】どんなデザインの年賀状がいいか聞く

あなた「お母さん、どんな年賀状がいいの？」
母「なにかメッセージを書かなくてもいいほど、干支が大きく描いてあるのがいいわ」
あなた「縦書きと横書き、どっちがいい？」
母「縦書きがいいかしら」

【ステップ2：デザイン提出】いくつかデザインを選ぶ

要望に応じたデザインを年賀状の素材本や年賀状サイトでセレクトします。遠方に住んでいる母にLINEでいくつか画像を送付します。
母「これがいいわ〜」とスクリーンショットが届く。
あなた「1番のデザインね。文字は修正する？」
母「『ご健康とご多幸を心よりお祈り申し上げます。』の文字追加できる？」

あなた「できるよ～、追加しておくね」

【ステップ3：デザイン修正】選択したデザインに文字を追加

指示があった文字の追加を行い、宛名面の差出人の名前や住所を追加し、最終確認をします。

あなた「これでいい？」と画像を送る。
母「これでいいよ～。100枚印刷してくれる？」
あなた「いつまでに欲しい？　宛名は手書きするよね？」
母「12月10日くらいまでには、欲しいな」

【ステップ4：印刷・見積り・納品】ネット印刷で注文する

ネット印刷にかかった費用は100枚で1万円でした。印刷されたものは直接お母様のもとに届きます。

あなた「12月8日に届くって」
母「その頃なら助かるわ」
あなた「100枚で1万円だったよ、お小遣い追加して1万5000円ちょうだい」

母「いいよ〜。お正月、来たときに渡すね」

できる人に頼むのが仕事

この作業を仕事っぽく言うと、原価が1万円、売上げが1万5000円、利益が5000円となります。

パソコンが使えない人からすれば、年賀状をつくるだけで大仕事。たとえ、パソコンが使えて年賀状をつくれる人であっても、年末は忙しく、年賀状作成に時間を割けない人もいるでしょう。**できない人、したくない人、誰かに頼みたい人の代行をすることで利益を得るのが代理店**です。

実践例

仕事で出会ったある人の名刺には、点字が入っていました。

「この名刺を出すと、僕の名刺にも入れたいという人がいて、頼んでいるサイトを教えてあげているんだよね」と話していました。

「僕も名刺に点字を入れたいな」と言われたら、「今使っている名刺に100枚2500円で点字を追加してもらえるけど、頼んでおこうか?」と言うだけで、ひとり代理店の仕事成立です。

自ら点字を入れることはできなくても、できる人を知っています。できる人に振ることで立派な仕事になります。

受け取った名刺を点字を入れてくれる社会福祉法人等に郵送すると、「組織名」「名前」「電話番号」の3行を点字で入れてくれます。

完成したら指定した住所へ直送してくれます。点字を入れる費用は100枚1500円です。2500円で引き受ける話をしたので、売上げ2500円－外注費1500円＝利益1000円となります（郵送費用は別にかかります）。

あなたが慣れている注文でも、初めての人はすぐにできる人ばかりではありません。点字を入れてもらう自分の名刺を送るのが面倒で、入れたいけれどなかなかできない人の代わりにその仕事を代行するわけです。

あなたが今まで自らの名刺でやっていたのと同じことを、点字を打てるところに依頼するだけで1000円の利益獲得です。

このように、**実はあなたがこれまでにやったことのあることが「代理店の仕事」**なのです。

3

初期費用は考えなくていい

初期費用はほとんどかからない

新しく副業、起業をしようとすると、初期費用がかかるものです。

「キッチンカーを始めたければ、車の購入と改造の資金が必要」

「ECショップを始めようとすると、商品の仕入れ、サイトの制作などに資金が必要」

◆借金ゼロで始められる

ひとり代理店のよいところは、機械や設備への投資などもなく、売上げ代金から依頼した人にフィーを払うだけで、負債をかかえることがない点です。

最初にまとまったお金は必要ありません。借金をせずスタートできます。機器や什器の購入や設置が必要なビジネスで起業しようとすると、最初はマイナスからスタートすることになります。金融機関から融資を受けていると、毎月の返済が重くのしかかってきます。

個人的な経費もかからない

初期投資や毎月の事務所・店舗家賃がないだけではなく、個人的な経費もほとんどかかりません。

事務所が自宅で通勤時間は0分で外出しないため、出勤用の服、カバン、靴、昼食のお弁当やランチ代、交通費などもかかりません。毎月かかる家賃などの固定費を稼がなければと追い込まれることもありません。

心を病んでしまうような苦しくて嫌な仕事は無理して受注する必要もありません。仕事を請けたとしても他の人に頼めば、最後には解決できます。

◆サポートしてあげたい仕事を選べる

好きな人との好きな仕事だけを請け、その会社の売上げを伸ばしていけばいいだけです。好きな人はどんどんサポートしてあげたくなるものです。「仕事を受注しなければ生活できない」と無理に仕事を請けるのではなく、「サポートしてあげたい」「お客様と一緒に考え、未来の売上げを一緒につくっていくのが楽しい」を続けると売上げがあがっていくのです。

4 地方でも十分に稼げる

人が集まるところに仕事がある

東京や主要都市に本社のある大きな会社ばかりが販促費を使ってくれるわけではありません。それに大きな都市は競合も多く、大きな企業の仕事は大手広告代理店が総ざらいしてしまいます。

優良企業は地方にもたくさんあります。大手が参入していない地方の中小企業には、ひとり代理店の仕事があふれています。地方は小さなコミュニティのため、いい意味で噂もすぐに広まり、紹介が増えていきます。

◆ちょっとのことで大きな差をつけられる

同じ仕事をする人たちより、ちょっとだけ気のきいた仕事ができれば評価がぐんぐんと上がっていきます。少しだけフットワークが軽い、丁寧に仕事をしてくれる、レスポンスが早いなど、**あなたにできる「ちょっとだけ」を無理ない程度にできれば、そこを気に入ってくれる人が吸い寄せられてきます。**

◆似た人が集まる場所に行くと仕事になる

経営者が集まるような組織の会合なども、勤めていた広告代理店の社長のすすめで行きましたが、行ったからといって仕事が増えるわけではなく苦手で、どんどん敬遠するようになりました。

そのかわり、進んで行っていたのはアイディアをどんどん出していき、ディスカッションをするようなイベントや集まり、趣味のパン教室、陶芸教室などです。仕事、趣味いずれに関するものでも、似たような人が集まっています。似たもの同士が集まる場所であれば、仕事になる可能性が高いのです。

◆資料を持っていって雑談

その中からコツコツと仕事をとっていきました。

年間を通して、チラシなどの販促物を制作しないシステム会社は、毎年11月に入ると、年賀状のデザイン一覧を持っていき、社長と世間話をして帰るだけです。

年始に福引をするエステサロンは、10～11月にノベルティのカタログを持っていき、店長とランチをして帰るだけ。チラシ折込をしていた美容院は、決算時期を覚えておき、決算前にチラシを大量印刷・配布してもらえるよう、最新の新聞折込の部数表を持っていくだけでした。

お客様と話をするきっかけにするため、なにかは持っていっていましたが、売ろうとはしていませんでした。ただ、持っていくだけです。ですが、気になる時期に気になる資料を持っていっているので、後で勝手に検討してくれ、発注してくれます。

◆声をかけてもらいやすくするだけで仕事になる

「地方営業では雑談しかしていなかった」

こう言っても過言ではありません。ピアノ販売店や墓地のオーナーのところで数時間コーヒーを飲んでいたこともありました。1週間の半分はお客様とランチに行きました。とにかく話し相手をしていました。そう、私がちょっとだけできることが、他の営業の人より多くの時間を一緒にいて、たくさん話すことだったのです。

難しい話をしているわけではなく、ピアノ販売店の社長と話していた内容はまさに雑談。「このバッグ見てくれよ。オンラインのシークレットセールで激安でね」というような話ばかりで、仕事の話ではありません。ただ、この雑談があるからこそ、どんなことでも声をかけやすくなり、仕事が舞い込んでくる状態をつくることができました。

お役所の仕事は雑談から

こうした雑談から、知り合いのユニフォーム会社が市役所から制服の受注をしていることを知りました。

実践例

もちろん入札はあるのですが、こうした役所の仕事を受注できると業績が安定する、というような話をされていました。当時、勤めていた広告代理店は市役所の入札の権利を持っていませんでした。どうしたら入札に参加できるのかといろいろ調べ、入札参加資格の業者登録にこぎつけました。

「今度○○の入札説明会があります」と告知があり、入札内容に応じて入札金額を提出する準備をします。

そして「印刷物」の入札に何度もチャレンジしましたが、いつも落選。

それも当然です。参加しているのは印刷会社ばかりで、私は印刷会社に出してもらった見積りに利益を上乗せして提出していたのですから。

◆参加することで仕事が広がる

当時、参加していた市役所の入札では、市役所の一室に業者が集まり、それぞれ入札金額を記載し、入札箱に入れていました。その場で、どの会社がいくらで受注したか発表があります。その発表のたびにどよめきが起こり、受注もできないのに入札に参加し続けるのは精神的にもしんどいことでしたが、限られた人しか体感できない面白い体験でした。

しかし、「印刷会社ばかりが参加している印刷物の入札に『広告代理店』が来ているらしい」という噂を入札に関係のない市の別部署が嗅ぎつけました。その部署では、単純に「この印刷物をつくってください」という指示通りのものをつくるのではなく、一緒に内容を検討し、つくりあげてくれる人を探していたのです。

2社程度の相見積りは必要でしたが、仕事が受注できるようになりました。実績ができれば、それを見て、他部署の人が声をかけてくれます。

「あれ、誰に頼んだの？」

市役所は小さな世界です。市役所内にもたくさん仕事があります。入札案件ばかりが市役所の仕事ではありません。

紹介、紹介がつながり、観光協会までその輪は広がりました。目の前の仕事が未来につながる仕事なのかは考えず、「とにかくやってみる」を実践した結果でした。
このような市役所の仕事は、必ずしも株式会社などの法人である必要はありません。市によっても異なりますが、個人事業主でも競争入札（見積り）参加資格審査に申請することができます。

全国どこでも市役所のような小さなコミュニティが展開されています。人生に無駄はなく、目の前の仕事を一生懸命やっているだけで、紹介でつながっていきます。
そのためには、売上げにつながるのか、無駄なのではないかなどは考えず、気になる人には会いに行き、その人に興味を持つ。これが多くの人を紹介してもらえる、はじめの一歩です。

広告代理店に勤務していたのは、人口45万人ほどの広島県福山市です。このとき、福山市と近隣の地方のお客様で売上げの99％をあげていました。それでも２０００万円ほどの利益を私ひとりで出すことができました。どんな地方都市でも「ひとり代理店」の仕事はあるのです。

5 セドリ等と違って息の長い経営ができる

何度もお客様になってもらえる

ひとりで起業するビジネスモデルにセドリがあります。セドリとは、元々は「掘り出し物の古本等を自分の目利きで安く手に入れ、価値のわかる人に高く販売して差益を得る」といった商売のことです。最近では品薄の売れ筋商品を大量に購入して、ネット等で高値で転売するような商売もこれに含められているようです。

このビジネスモデルは、基本が転売ですので、商品は入手困難な商品が多くなります。入手困難なものといっても、他の人も入手できれば価格競争になります。「あなた」から買いたいと思ってくれているわけではなく、商品と価格の魅力によって購入する人を選択しています。

魅力的な商品を仕入れられなければ売上げがあがらず、収益が不安定です。「あなた」

から買いたい理由が商品と価格のため、同じ商品が他から安い価格で出てしまえば購入してもらえません。常にお客様が喜ぶ商品を見極め、仕入れ続け、新規顧客を獲得し続けなければならないのです。

◆リピートしてくれる売上げは基盤になる

一方、ひとり代理店は、お客様との関係性の構築に重点を置くことが長期的な経営につながるカギとなります。

仮に**1件の利益が少額であったとしても、何度も購入していただくことで利益が積み上がっていきます。**

例えば、第3章で紹介する名刺などは、一度つくれば次もあなたに注文してくれる可能性が高いでしょう。再発注が数年後だったとしても、一度受注したものが未来の売上げをつくっていくのです。そうした商品が毎年、5件、10件…と増えていけば、売上げの基盤をつくり、ますます安定した経営となります。

◆一緒に売上げをつくり出せるのが代理店

お客様とひとり代理店は、売上げをあげるための最強のチームです。

セドリのように1回限りの注文の品を届けたら終わりではありません。一緒に集客や売上げアップの作戦を立てるチーム。お互い対等な立場で、よき相談相手であり、一緒に考え、成長していくことが大切です。

重要なのは「一緒に」です。

その「一緒に」があなたの居場所をつくります。

リピーターの獲得は信頼関係の構築が必要ですが、それほど難しいことではありません。今回実施した販促方法の反響をヒアリングし、お客様と意見を出し合い、その実績をどのように次に活かすかを考えます。

ここが一番重要な点です。納品しただけで終わってしまえば、セドリ同様、1回限りになってしまいます。

リピートがあるから利益が増える

あるお客様が言っていました。「フリーペーパーに掲載したあとに反響はどうだったか連絡をくれるのは君だけだよ」。簡単で誰にでもできる1本の電話や1回のLINE・メールのコミュニケーションが、リピーター獲得のチャンスです。

◆新たな販促策に寄り添った提案を

必ず反響を聞く。それさえ行えば、「もっとこういうふうに載せたらよかったかな〜」

とか、「こっちのフリーペーパーにしたほうがよかったかな〜」という次の仕事につながる話が出てきます。

それに耳を傾け、「では、次はフリーペーパーを変えて掲載してみましょう」「次はおっしゃられていた内容で掲載してみましょう」と、お客様が話した内容を活かした次なる一手への口添えをするのです。

それを繰り返すことで、信頼が勝ち取れ、リピーターとなってくれます。一緒に考えると言いましたが、次なる販売促進の戦略はお客様の頭の中にあり、それに寄り添う内容の販促を実施していけばいいのです。

例えば、フリーペーパーへの広告掲載で考えてみましょう。掲載料が5万円でそのうち利益が1万円だったとします。これを毎月継続すれば、売上げは年間60万円、利益は12万円になります。これが5店舗あったとすると年間の利益は12万円×5店舗で60万円。リピーターがいるだけで、こんなにも経営が安定するのです。

フリーペーパーでの集客が成功していれば、最初は4分の1ページだった掲載枠を2分の1ページに拡大してくれるかもしれません。そうなればさらに売上げ・利益は大きくなります。

◆新しい企画を無理に考える必要はない

新しい販促の企画を提案しなければと焦り、たくさんの企画書を作成する必要もありません。むやみやたらに販促方法を提示する必要はありません。

お客様との会話の中で、次はどんな方法で売上げをアップさせるかを共に出し合い、それを具現化していくのが「ひとり代理店」の役割です。お互いのアイディアを共有し、お客様の代わりに最適な販促を形にし、実践するのがあなたの役割です。

◆意見を伝えるだけでも仕事になる

もちろん提案をしてはいけないわけではありません。消費者目線に立ち、気づいたことはどんどんお客様に伝えましょう。経営者や販促担当者は意見をもらえることがとても嬉しいのです。

例えば、「店舗の前を通ったとき、オープンしているか、していないかわかりにくいので営業時間の看板があったほうがいいですね」「中華料理ってメニュー名ではわからないものがあるので、写真を入れたメニュー表をつくりましょうか」など、一般消費者目線でいいのです。

プロの目線ではなく、**消費者目線に立ったときに「こうであったらいいな」と思うことを伝えていきましょう。**

6 専門家にならないのがメリット

専門になるとリスクが高まる

住宅専門とか、美容サロン専門など、業種に特化すると効率よく仕事を回すことができます。WEB広告の専門、動画制作の専門など、1つに絞り、深掘りをしていくことで、その道のプロフェッショナルになれます。

1つの仕事に特化すれば、日々の仕事をこなしていくことで専門的な知識もついてきます。A社で販促した結果がよければ、B社に同じ内容を提案するなど、効率よく受注できるかもしれません。しかし、専門家になることには、共倒れになる危険性も潜んでいます。

プロフェッショナルなのに、お客様と共倒れ。

かっこ悪すぎます。

◆1つの取引先・業種だと先細りになる危険がある

以前、携帯キャリアの業種に特化したがために、共倒れになった人がいました。

広告代理店に勤務していたとき、携帯キャリアの支店やショップの販促を担当した時期がありました。携帯キャリアの販促をこなしているだけで、毎日が終わってしまうほどのボリュームでした。

私の売上げ実績の大半は携帯キャリアのものです。支店やショップの担当者も気に入ってくれて、実績はぐんぐん伸びていました。

ある日、その携帯キャリアの元ショップ店長が広告代理店に入社してくることになったのです。いくら実績が伸びていたとはいえ、新しく入社してきた元ショップ店長のほうが知識も人脈もあります。社長から鶴の一声。

「担当を替わってくれ」

まさに「がーん」となった瞬間でした。売上げの大半を占めていた携帯キャリアのお客様を元ショップ店長に引き継ぎ、「明日から、どう売上げを立てていけばいいだろう」と不安で仕方ありませんでした。

しかし、携帯キャリアの販促担当をしながら、前職のシステム会社からも少しではありますが受注があったのです。そのお客様を掘り下げ、売上げを携帯キャリア以上のものにすることができました。

数年後、携帯キャリアの近隣の支店は統合され、閉鎖になりました。元ショップ店長の支店からの売上げはゼロになり、彼は何店舗かのショップを持ち出し、独立しました。

1つの携帯キャリアの販促の専門家になっていたので、独立後も売上げは先細り。他の会社へ再就職せざるをえなくなったのです。

専門性が高いと紹介は受けやすくなる

このように特定の会社の販促担当をしていると、起業していようが会社に勤めていようが、1社がダメになってしまえば、共倒れになることもあります。

住宅専門の広告代理店の場合は、専門が住宅とはっきりしています。「住宅×販促」で困っている人からの相談があれば、「住宅専門の代理店○○さんに頼んでみては」と紹介してもらえる状況がつくれます。

得意ではない飲食店や製造業の販促の紹介を排除することができます。業種を定めないオールマイティな販促担当よりも専門性のある販促担当はたくさんの紹介をしてもらえる可能性があります。

◆業界が沈むとあなたも沈むことに

しかしデメリットもあります。新築が売れない住宅不況になってしまえば、お客様が全員売上げに苦戦します。売上げが落ちていくタイミングが同じなのです。

売上げ好調だったA社もB社も時期を同じくして集客や売上げに困りはじめます。「なんとかしてくれ」が重なり、十分な提案ができなくなります。時間もなく、精神的にも追い込まれていきます。あなたの売上げも利益も落ちていきます。

特定の会社専属で販促担当になることや、特定の業種のプロフェッショナルとなることは、知識も経験も必要で、誰しもできることではありません。他者の参入も難しいでしょう。

ですが同時に、リスクもあると認識しておきましょう。これを回避するには、特化しないことです。忙しく追われているときにこそ、他の業種のお客様を断らず、真摯に対応しましょう。

規模の大きいところは安心だけど…

会社や取引の規模はどうでしょう。取引会社の規模が大きくなればなるほど、有名企業であればあるほど、仕事をしていて嬉しくなることもあるでしょう。規模の大小で判断し、力や時間の注ぎ方を変える人もいます。

そして、規模の大きな企業の受注金額は大きく、個人経営の店舗や会社の仕事を「これっぽっちの売上げか」と次第に距離を置くようなこともあるかもしれません。

◆小さな売上げを継続することで大きくできる

しかし、**個人経営の店舗や中小企業など規模に関係なく取引をすることで、リスクヘッジになります。**小さな仕事をたくさん集めて形成された売上げは1社が倒れたくらいでは揺るぎません。1つの業種が不況に陥っても、共倒れになることはありません。

規模や金額は問わず、どんな仕事も「ありがたい」と受注することが大切なのです。

あなた1人しかいない「ひとり代理店」にとっては、大きな会社の売上げに頼るのは、生活を脅かす可能性のあるリスクでしかありません。

薄く広く知識を持ち、多彩な業種の、多様な仕事を請けること。売上げの柱をたくさん持つことによって、安定した経営を続けられるのです。

7 利益はここで出す

50%の利益率をめざす

「ひとり代理店」が制作する販促物は、基本的に「オーダー品」です。

こうしたオーダー品を制作していて、値付けに困っているお客様に質問されたら、「原価の倍の値付けがおすすめです」と伝えています。

◆打合せ、付加価値、人脈に価値がある

あなたが仕事をするときは、お客様やデザイナーと打合せをする時間が必要になります。これは想像以上に念入りな打合せが必要で、あなたやデザイナーの時間をかなり奪うことになります。

もちろん時間がかかるだけではなく、打合せではお客様が要望する販促物について多くのアイディアを出したり、お客様の潜在的な要望を引き出したりするなど、依頼が形にな

るまでに多くの労力がかかっています。これが付加価値となり、仕事の質を上げることになります。

そして、オーダー品は、その道のプロフェッショナルに依頼する必要があります。あなたが依頼できる人脈も、誰もが持っているものではなく、お金をもらっていいほどの大切な資産です。優秀なデザイナーをわざわざ探さなくても、あなたに依頼すれば、優秀なデザイナーにデザインをしてもらうことができるのです。

◆追加の要望には追加費用がかかる

オーダー品は完成に近づいていけばいくほど、お客様もいろいろと欲が出てきます。見積り時に内容についてしっかりと確認していたとしても、後から追加の要望が出てくる場合がよくあります。

例えば、ＷＥＢサイトなら「ページ内にインスタグラムの投稿が表示されるようにしてほしい」「お問合せフォームを追加してほしい」、印刷物であれば「この商品も写真撮影して入れてほしい」「こんなイラストを描いて入れてほしい」といった要望です。

これらの要望を満たそうとすると、ＷＥＢサイトの修正であればコーダーに、写真撮影ならカメラマンに、イラストはイラストレーターに追加の依頼をしなければなりません。当然、お客様にその分の費用をいただく必要があります。

追加の要望があって費用もかかるのですから、その分の費用をきっちり請求するのが正しい仕事の進め方です。言いにくくても、きちんと伝えるものは伝え、もらうものはもらわなければなりません。

↓要望があるたびに金額を変えると満足度が下がる

しかし、追加の要望があるたびに、「できる人」にその分の費用を確認し、再度見積りを出し直してもらうのでは時間と労力がかかってしまいます。

もし、改めて稟議を通さないと金額変更ができない会社であればどうでしょう。そのたびに価格変更の稟議を出し直す手間がかかり、稟議が下りるまでの時間もかかってしまいます。納品はどんどん後ろになっていき、タスクの保留時間が長くなっていきます。

◆見積額に余裕があれば要望を吸収できる

個人事業主のお客様であれば、追加費用の提示をすればそのまま請求できることもあります。しかし、お客様が新たな要望を出すたびに、「これを追加するのであれば1万円アップになります」などと言われたらどうでしょう?

お客様が出された要望ですが、だんだん要望を伝えるのが嫌になっていくことでしょう。「もう少し変更してほしいけど、金額もアップしそうだから伝えないでおこう」となれば、顧客満足度が低い状態で納品されてしまうことになります。

最初から余裕のある見積提示をしていれば、仕事がスムーズに進むだけでなく、お客様としては追加でいくつも要望を伝えたのに、「最初の見積金額内で対応してくれた」「追加の要望分はサービスで対応してくれた」と感じて嬉しくなることでしょう。要望もすべて叶えられ、思った通りのものが納品され、サービスもたくさんしてくれたと、まわりの人に話したくなります。

不思議なことに、**最初に出した見積額が高いと顧客満足度が高く、見積額が安く、あとから追加費用をもらったほうが顧客満足度は下がる**ことになります。だからこそ、かかった費用の倍の値付けをしておけば、お互い気持ちよく仕事ができるのです。

◆もし少し多いと思ったらサービスで返そう

この法則に則ると、お客様の追加要望がなく、当初の仕様で進んだ場合、いつもより多くの利益が残ります。もちろん残った利益が多ければ嬉しいのですが、もらいすぎたと思うこともあるでしょう。

そのときは請求時に値引きをするのではなく、「なにかで返す」と思うようにしましょう。そうすると、お客様が困っているときに、以前の仕事で少し多く利益をもらったから、「これくらいだったらサービスで対応しますよ」と快く対応ができるようになります。

第2章

具体的には、
どんな仕事をするのか？

1

進行管理を行うのが「ひとり代理店」

具体的な仕事の流れは？

ここでは、実際にどのように利益を出しているかをお伝えしましょう。

基本的には**お客様（販促をしたい会社）と制作者の間を取り持って進行管理を行い、手数料をいただく、という流れ**になります。

このように、主な仕事は「進行管理」です。

進行管理というと、会社でいうと部長や課長のような中間管理職、プロジェクトリーダーというイメージがあり、重圧があるように思うかもしれません。

ですが「ひとり代理店」の場合は、お客様が神様で、制作者は部下というようなことはありません。上下関係はなく、お客様、制作者、そして代理店の3者が対等な立場にいます。その中で、作業の進み具合をチェックする役割を担います。

実践例

例えば、海外短期留学を開催する英会話教室のお客様がいました。教室の生徒はもちろん、生徒以外の人にも参加してほしいと、短期留学募集のチラシを制作することになりました。チラシ納品というゴールに向かい、①スケジュール管理、②制作物管理を行います。

↓ ❶チラシ制作の「スケジュール管理」をする

チラシ制作をする、基本的な流れはコチラになります。

【ステップ1：ヒアリング】

デザインや入れる内容、チラシのサイズや枚数などを確認します。どんなチラシを制作したいのか、すでにイメージを持たれているようであれば、そのイメージを確認します。そのうえで、短期留学の日程、費用、場所など、チラシに入れたい項目を確認します。

【ステップ2：見積り】

ヒアリングした内容をもとに、デザイナーや印刷会社に見積りを出してもらいます。その見積りに、「ひとり代理店」の手数料を追加した全体の見積りをお客様に提出します。

【ステップ3：デザイン制作】

お客様に発注いただくと、まずはデザイン制作を行います。ステップ1でヒアリングした内容をもとにデザイナーに制作してもらいます。

【ステップ4：初回デザイン提出】

デザイナーがつくってくれたチラシのデザインをお客様にメール等で提出して確認してもらいます。デザインの方向性が合っているのか、誤字脱字や追加事項はないか確認します。

【ステップ5：修正作業↓再提出】

お客様から修正してほしいと言われた内容、追加してほしいと言われた項目等をデザイナーに伝え、修正してもらいます。デザイナーから修正デザインがあがってきたら、指示を出した点がきちんと変更されているかなどを確認して、再度お客様に提出します。

【ステップ6：校了】

ステップ5の作業を何度か繰り返し、「印刷に進めてよいです」というレベルになったら、デザイナーに印刷用のデザインデータをもらい、印刷会社に印刷を依頼します。

【ステップ7：印刷】

印刷会社にデータを渡し、印刷枚数、納品場所などを指示し、印刷を依頼します。あわせて納期を確認し、お客様に伝えます。

【ステップ8：納品】

印刷会社から、あなたの名前（ひとり代理店）で、直接お客様のもとへ宅配納品してもらいます。印刷会社からあなたへも印刷見本が届くように依頼しておけば、見本をあなたのもとに届けてくれます（119ページ参照）。そうすることで、お客様から印刷のクレームがあったとしても印刷物の確認ができ、的確な対応が可能になります。

このように代理店のスケジュール管理といっても他の仕事と変わらず、難しいものではありません。

❷円滑に進めるために「制作物管理」をする

制作物のチェックや管理も重要な仕事です。お客様からのヒアリング後、最初にチラシデザインを受け取ったときに、ヒアリングした内容とデザイナーが仕上げたチラシが相違していないかチェックします。

◆制作物の確認は大事な仕事の1つ

お客様が入れてほしいといった項目が正しく入っているかを確認し、誤字脱字には赤ペンを入れ、不足している内容があればデザイナーにフィードバックします。例えば、背景は青が希望だったものが赤になっているという場合は指示を出し、修正してもらいます。

これがお客様に最初に見せるデザインになります。出来上がったデザインをそのまま提出するのではなく、チェックをするのが制作物管理の仕事となります。

◆自分の感覚ではなくお客様に任せる

このとき、お客様からヒアリングしたイメージとなんとなく違うと感じることがあります。先ほど書いたように、青が赤だったというようなはっきりとわかるものではなく、いわゆる「感性」の部分です。

しかし、あなたの感性とお客様の感性が一致しているとも限りません。「感覚的に違う気がする」という曖昧な部分は指摘せず、お客様に提出します。

あなたが「お客様がイメージしているものと違う」と感じても、お客様は「想像以上に素敵な仕上がり」と気に入ってくれる場合もあります。人はそれぞれ感性が違います。「感性」がかかわる部分はデザイナーとお客様に委ね、制作物管理に徹します。

このデザインにすると絶対集客できます。この色にすると購入者が増えます。絶対にこの配置でないと売れません…。そんなデザインはありません。

お客様とデザイナーの意見や想いに寄り添いながら調整していきます。こうすることで、円滑な制作物管理ができます。

2 広く浅い知識と人脈で、他人のスキルで受注する

広く仕事ができるのが「ひとり代理店」のメリット

起業後、ある人に「専門家になりなさい。仕事が増えるから」と言われたことがあります。

ここで言う専門家とは、ＷＥＢ広告専門、新卒採用専門、旅行専門など仕事内容や業種などに特化した代理店になりなさいということでした。

理由は、ＷＥＢ広告専門の代理店であれば、ＷＥＢ広告はこの人に頼めばいい、この人を紹介すればいいと明確にわかるからです。そして専門分野の経験が増えていくので、知識が深く、誰にも負けない、いわゆる勝ち組となれるというのです。

このような考え方もありますが、第1章（39ページ）でお伝えしたように、専門に特化

するのは、共倒れになるリスクもあります。

◆ハイスキルがなくても売上げを獲得できる

「ひとり代理店」では、浅く広い知識で、他人のスキルを利用し、受注することが売上げ獲得の近道です。

WEB広告専門の代理店を求めている人は、お客様自身も相当な知識があり、あなたが持っている以上のスキルを求めてくる場合もあるでしょう。

十分な知識と経験を蓄え、深く狭く極めたスキルを持って、専門家として起業しなければなりません。時間もお金もかかり、資格があるほうが有利です。

しかし、そうなるまでには、かなりの年月がかかります。

◆専門家でないことがリスクヘッジになる

例えば、コロナ禍などの特殊な状況では、旅行会社、ホテル、飲食店、イベント会社、車の部品工場など、特定の業種は軒並み販促をするどころではなくなっていました。

しかし、業種を絞っていないおかげで、食品メーカー、リフォーム会社、ECショップ、オンライン教室など、おうち需要がある会社や店舗の仕事は急激に増加しました。特定の業種が不況になっても、その他の業種は好調で、売上げに影響はありませんでした。業種や仕事内容に偏る専門家でないことでリスク回避できたのです。

「ひとり代理店」の看板を掲げていれば、仕事の詳細はわからないけど、あの人ならできそうかも、と声をかけてくれます。一例として、次のような多種多様な仕事に門戸が開かれています。

- カタログをつくってほしい人がいる
- WEBサイトをつくってほしい人がいる
- 看板を出したい人がいる
- イベントの企画をしてほしい人がいる
- 映画館にCMを出したい人がいる

専門家ではなくても、広く浅い知識を持っていることが「ひとり代理店」の最大の魅力なのです。まわりにスキルを持った人がいれば、どんな業種の、どんな仕事でも請けることができるのです。

↓最初は依頼された仕事に専念する

他人のスキルを使って、様々な受注ができますが、最初から欲張って「なんでもできます」などと言ってはいけません。

WEBサイトの仕事で紹介されたときには、WEBサイト専門の代理店を装います。まだ一緒に仕事をしていないうちから、大きな風呂敷を広げても次につながりません。まずはWEBサイト専門の人だと認識してもらい、きっちりと仕事をすることからです。

◆仕事の過程でいろいろできることを伝える

WEBサイトの納品後、「WEBサイトに誘導するためにチラシをつくったほうがいいかな」などという話が出てきます。そこではじめて、「チラシもつくれますよ」と伝えるのです。

1つの会社の1つの受注から、依頼される仕事の種類を増やしていけばいいのです。それを積み重ねると、「とりあえず、言えばどうにかしてくれる人」になります。その立ち位置が確立できれば成功です。

◆顧客は個人事業主や中小企業と幅広い

ひとり代理店の顧客の中心は、1店舗しかないとんかつ屋、家族経営の建築会社、個人経営のネイリスト、従業員20名ほどの工場など、町中にあふれている個人事業主や中小企業です。売り先がなくなるということはありません。

先日も、とんかつ屋のスタッフさんからショートメッセージが来ました。

「テイクアウト用のシール、前回と同じ枚数でお願いします」

今度はとんかつ屋の社長さんから、「ポイントカード100枚、お願いします」。

続いて、とんかつ屋の店長さんから、「カタログに使う写真、木曜に送ります」。

こうした販促物や印刷物は「ひとり代理店」に頼めばいいとわかっているので、店舗のスタッフ誰もが注文や連絡をしてきます。かしこまった注文メールを送らず、気がついたときに発注できます。

この気軽さも「ひとり代理店」のメリットです。「前回、どこに発注したかな?」「何枚だったかな?」と過去の伝票をめくって探さなくてもいいのです。

総合的に対応することで、必然的にお客様とコミュニケーションが増えます。たとえ小ロットでも、様々な注文の回数が増えれば増えるほど、お客様からの信頼度は増します。信頼度が増すことで紹介が増え、お客様の数や売上げ・利益も増えます。

薄く浅い知識で、制作物を依頼できる人脈を持ち、他人のスキルで受注することこそが、ひとり代理店の醍醐味なのです。

3 「できる人」はどうやって探すのか？

「できる人」はリアルでもネットでも探せる

全国のできる人に頼むといっても、知り合いはいないし…と思われるかもしれません。でも、最初は知り合いがいないとしても、全国にいる「できる人」の人脈をつくることができます。

「できる人に振る」とはいえ、「できる人」がそもそもいないことには納品までこぎつけることができません。

でも、できる人の人脈をつくるために、起業家が集まる会合や仕事関係の人が大勢集まるような飲み会や異業種交流会、できる人がいそうな団体に所属する必要はありません。

ポイントは、お客様から仕事を依頼したいと言われたときに「できる人」を探すことです。**自分ではできないからと仕事を断るのではなく、「この仕事をできる人はどこかにいる」と、その仕事をできる人を諦めずに探すこと**です。

次に、できる人を探すいくつかの方法を紹介します。

①知り合いに紹介してもらう

お客様や友人など「できる人とつながっていそうな人」に手当たり次第、連絡します。できる人と常につながっている必要はありません。仕事のオファーがあったときに、できる人を探すのです。

どんな仕事でも即対応できるようにと、いろいろな人を紹介してもらったところで、仕事を依頼できるかどうかはわかりません。いつも「紹介してほしい」と言うのに、紹介した人に仕事を依頼している様子がないとなると、紹介する側のモチベーションも下がってしまいます。イザというときに紹介をしてくれなくなります。

すぐに仕事の依頼ができる状態で、「この仕事ができる人を紹介してほしい」と具体的にオファーすると、その仕事ができる人とスムーズにつながります。

すでに仕事がある状態だからこそ、知り合いも本気で探してくれますし、話を聞いた人もその仕事ができるのか、できないかの判断ができます。短期間で人脈がつながります。

実践例

ある年のクリスマス。モールのイベントで、巨大なクリスマスツリーを手配することになりました。「クリスマスはこのエントランスに大きなクリスマスツリーを置きたい」とお客様からオファーをもらったのです。「せっかくなら、本物の巨大モミの木を飾りたい」ということになりました。

「巨大モミの木 → モミの木を持っている人って誰？ → モミの木って山にあるのかな？」と頭の中で連想ゲームが始まり、そのときに連絡したのは、自然豊かな山の上で料亭をしているオーナーでした。

なぜって、山の中にモミの木がありそうだったから。

実際にはモミの木は通常は山にはありませんし、妄想にすぎません。それでもその人に連絡したのは正解でした。「植木屋の知り合いがいるから聞いてみるわ」とつなげてもらい、1トン以上もある本物のモミの木のクリスマスツリーを飾ることができたのです。

◆人の感覚が大事な仕事は紹介で

この例のように物（モミの木）を探す場合より、とくに人間性が関わってくる仕事の場合に「知り合いに紹介してもらう」手法を活用します。

物を探すときは「手当たり次第」でよいのですが、人間性が関わる場合は連絡する知り

合いさえ、厳選する必要があります。

システム構築や3DCG設計、アプリ開発など、表面上見えないもの、気づかないところをフォローしてもらう必要がある場合は、「この人とは仕事の感覚が似ているな」と思える知り合いに声をかけ、ぴったりな人を紹介してもらいます。

一番効率よく、できる人と出会える方法が「知り合いに紹介してもらう」です。

実践例

バッグ販売のWEBサイトに、カスタマイズオーダーシステムを追加したい案件がありました。バッグの生地の色、金具の素材を選べ、オプションで名前のタグ付けなどを追加でき、選択した色や素材に応じてイメージ画像が表示されるようなシステムでした。未経験の仕事で、できる人も知りません。

数名の知り合いに声をかけて、気心の知れたデザイナーがプログラマーを紹介してくれました。

はじめての依頼でしたが、仕事への向き合い方が似ているデザイナーから紹介してもらっているので、進め方も似ています。実装したい内容を伝えると、「ここはこういう仕様のほうがいいと思いますよ」「こういう選択肢もあったほうがいいですよ」など的確なアドバイスをもらえました。
この気が利いたアドバイスをお客様に伝え、仕様調整を行っただけで、思い描いていた以上のものが仕上がりました。

◆紹介者の株が上がるつき合い方でいつでも紹介してもらえる

システム構築のような無形物は、画面に表示されている部分だけでは良し悪しが判断できません。**納品すれば終わりという仕事をする人ではなく、見えない部分まで丁寧な仕事をしてもらえる人に依頼することで、のちに起こる可能性があるトラブルを回避できます。**

さらには先を見込んだ拡張性の高い開発をしてくれるので、納品後に追加の要望があったとしても、対応が可能となり、顧客満足度の高い仕事ができます。

他人のスキルだけではなく、他人の人脈・つながりを活用して、できる人とつながります。紹介してもらった人の仕事は増え、売上げがあがります。紹介者の株が上がるつき合い方をすれば、いつでも快く紹介してくれます。

②プライベートで出会う

人脈づくりをしようと、無理に外に出かけていく必要はありません。よく恋愛でも出会いがないという人がいますが、出会いがないのではなく、出会った人がどんな人なのか興味を持たず、深掘りをしていないだけです。

仕事であっても同じです。常にできる人に出会っています。プライベートで出会った人も、全員あなたと異なる経験とスキルを持った、できる人なのです。

◆「できる人」はあなたのまわりにたくさんいる

どんな場所で出会った人でも、どんな仕事をしているのか、どんな趣味を持っているのか、どんな経験をしてきたのか、尋ねてみましょう。

きっとあなたの持っていないスキルや人脈をたくさん持っています。その日聞いたことが、必ず未来のあなたの仕事に役立つ日がやってきます。

実践例

ある小さな結婚式で出会ったカメラマン。彼女はプライベートで参列した結婚式にいたカメラマンでした。来賓に気をつかいながら、新郎新婦の一瞬を逃すまいと写真を撮り続けています。

「このカメラマン、人を撮るのが好きで、得意なのかも」と声をかけました。このときはちょうど2か月後に人物撮影があることが頭の片隅にあり、声をかけたのです。

結婚式の撮影が落ち着いたころを見計らい、「いつもはどんな撮影をしているのですか?」

と名刺を渡し、どんな撮影をしているのかメールをもらうことにしました。

後日、連絡をもらうと雑誌の仕事をしている関係で、スタイリストやヘアメイクとも一緒に仕事をすることが多いということでした。

結果として、このカメラマンさんに本業である撮影だけではなく、彼女の人脈を借りて、スタイリストやヘアメイクの手配もお願いすることができました。たとえ、プライベートであったとしてもアンテナを張っていれば、どんなところでもできる人に出会うことができます。その人のスキルや人脈を借り、仕事の幅を広げることや売上げをあげることができるのです。

リアルで出会った人は仕事への向き合い方や、やり方が似ているなど雰囲気が感じ取れるので、できる人を効率よく判断できます。誰しも出会うべきときに出会います。アンテナに引っかかった人には必ず声をかけましょう。

③お客様の会社で出会う

継続的に仕事を依頼していただいているお客様先で出会った人なら、似たような感性を持つ、できる人です。積極的に連絡先の交換をしましょう。

類は友を呼ぶ。長く仕事ができるパートナーとなります。

実践例

名古屋のお客様先で出会った技術系の映像カメラマンがいました。この映像カメラマンは最先端の３Ｄ技術やＣＧ、ＶＲなどを使いこなす人でした。出会った当時は、はっきり言って私の知識が乏しすぎて、詳しく説明をしてもらい完成品を見せてもらったのですが、理解ができませんでした。

理解はできていないものの、最新技術を理解できそうなＷＥＢコンサルに、「こんな仕事ができるカメラマンに出会いました」と納品事例を見せました。

何か月も経った頃、ＷＥＢコンサルの人から「仕事をお願いしたい会社があるんだけど」と、住宅会社の建物を３Ｄ撮影するオファーが来たのです。

あのカメラマンに依頼できる、と交換した名刺をひっぱり出してきて仕事を受注することができました。

あなたが理解できないような仕事内容だったとしても、出会った人のスキルの数だけ受注ができるようになるのです。

④確定申告のサポート団体で紹介してもらう

個人事業主やフリーランスの確定申告をサポートする団体が一部地域を除き、全国にあります。会員になり、青色申告をすることで、白色申告にはない税法上の有利な特典を受けることができるなど、メリットあふれる団体です。

この団体の裏メリットといっても過言ではないのが、できる人を紹介してもらえる制度。リアルクラウドソーシングサービスといっても決して大げさな表現ではありません。例えば、名古屋中青色申告会は個人事業主、フリーランスが1000名以上会員登録をしています。

◆「できる人」をたくさん知っている

「漫画が描けるイラストレーターいませんか?」と聞くと、「いるよ〜」と双方の性格や仕事の進め方を知っている担当者が紹介してくれます。できる人を紹介してもらえる団体と考えると、それだけでもお金を払う価値があります。

○○青色申告会など、地域名が入った青色申告会が各地にありますが、あなたのいる地域の青色申告会に所属する必要はありません。もちろん、自分の近くにいる人とつながりたいのであれば、近くの青色申告会に所属すればよいですし、より多くの人とつながりたいなら会員数の多い青色申告会へ入会することをおすすめします。

⓸ネットを駆使して探すには

⑤クラウドワークスなどのスキルマーケットで探す

クラウドワークスやココナラ、ランサーズなど、ネット上のスキルマーケットサイトには、たくさんの「できる人」が登録しています。「リアルで仕事を得ていない＝スキルや経験が乏しい」と考える人もいるかもしれませんが、それは間違いです。スキルが高い人も多数登録しています。

数年前まであるスキルマーケットに登録していたデザイナーがいました。現在は広告・販促物の企画・制作会社を立ち上げ、代表取締役兼デザイナーです。

スキルマーケットで蓄積してきたデザインの実績が評価され、営業力がある人と一緒に会社を立ち上げたのです。スキルマーケットに登録している人は今や数百万人。①〜④の方法で、できる人を見つけることが難しいなら、活用しない手はありません。

⑥ネットで検索して探す

ある程度完成形が決まっていて、納品したら終わりとなる有形物をお願いしたい場合は「ネットで探す」という手法も効果的です。

ネットで見つけた会社を何社かピックアップし、問い合わせフォームや電話で連絡をします。**こちらが会社でなく個人事業主でも、具体的な案件があれば取引をしてくれる**世の中になっています。

ネットで問い合わせたからといって、「見ず知らずの怪しい個人事業主では？」と邪険にされることもありません。会社の大小やその会社の所在地などは気にせず、問い合わせましょう。

実践例

飛び出す絵本ならぬ、飛び出すパンフレットの案件がありました。

「飛び出すパンフレット」で検索し、印刷会社を探し始めました。最終的に依頼をしたのは、埼玉県の印刷・型抜き加工のできる紙加工の専門会社でした。

どんな仕様であればできるのか、どんな実績を持っているのかをネットで確認し、何件も問い合わせをします。

問い合わせの際、具体的な案件の仕様やお客様名、パンフレットの目的を伝え、目的に合う、お客様のニーズにより近い実績サンプルを送ってもらいました。

◆案件のサンプルをピンポイントで送ってもらう

お客様名まで伝えるのは、もし競合がいて同じ会社にたどり着いた場合の予防線を張っておくという意味もあります。また、「実績サンプルをいろいろ送ってくれませんか？」というように漠然とした依頼ではなく、今回の案件用のサンプルをピンポイントで要請します。直接会っていなくても、具体的であればあるほど親身に対応してくれます。

実際に製作に入っても、お客様が要望する飛び出すパンフレットの構造に対応するため、何度もサンプルをつくり直し、ポップアップする動画を送ってくれました。1つの仕事を一緒につくりあげることにより、強い絆で結ばれ、できる人を増やすことができたのです。

◆オファーがある状態で問い合わせる

デザイナーなどを探すときと同様に、仕事のオファーが来ている状態で問い合わせをすることが重要です。業者は受注できる可能性があると考えてくれます。〝はじめまして〟のあなたであっても、親切にわかりやすく説明してくれます。

親身に対応してもらうポイントは、情報をできるだけ公開することです。デザインが決まっていればデザインを送り、お客様名、納期、納品場所や利用用途などを具体的に伝えます。

公開した情報が多ければ多いほど、「受注できそう」と認識してくれます。あなたが受注できるよう、持っているスキルや事例を提示し、全力でサポートしてくれます。

また、日本橋の布プリントのエキスパート会社は、「展示会で配布するノベルティをつくってほしい」と依頼があったとき、ネット検索でたどり着いた会社です。

小ロットの昇華プリントで、レーザーカットをしなければならない、布プリントのエキスパート会社が持っている特許を使用しなければ完成しない特殊なノベルティでした（137ページで紹介するスマホクリーナーのノベルティ）。

その会社にサンプルを送ってもらい、スキルを惜しげもなく共有してもらうことで、お客様が納得する提案や見積りができ、無事納品することができました。

ネットで出会ったエキスパートには、できる限り会いに行き、結びつきを強めます。会社に行って担当者に会うことで、サイトに掲載されていない仕事の事例を共有してくれます。実物を見て、触ることができます。体感することで記憶に残り、お客様に言われたときに「できます」と言えるようになります。

このように、**リアルでもネットでもできる人を探すことができます。**いずれも関係性を強固にしていくことが大切です。いつでも仕事をお願いできるように、連絡先を交換し、持っているスキルを確認しておきます。その準備が未来の売上げをつくり出すのです。

4

多くの販促ツールを持つと継続的に受注が見込める

代理店が儲かる仕組みの1つが多品種

「ひとり代理店」が儲かる仕組みとして、多品種ということがあげられます。**お客様に提供できる多くの販促ツールがあることで、Aという販促手法で効果が出なかったとしても、Bという手法で再チャレンジ！　と継続的な受注が見込めます。**

いくら良い商品・サービスを開発したとしても、誰も知らなければ、ないのと同じです。

「お客様が来ない」「商品が売れない」「注文が入らない」と嘆く個人経営の店舗や中小企業の声は毎日聞こえてきます。これは知られていないことが要因です。商品やサービスがあることさえ伝わっていない、店舗があることさえ知られていないから売れないし、人が来ないのです。

こうした商品やサービスを多くの人に知ってもらうのが販売促進（販促）の目的です。どんな店舗や企業であっても、お客様になる可能性があります。この販促を扱うのが代理店であり、販促ラインナップは実に幅が広いのです。

仕事のきっかけはどこからでも構いません。ショップカードやポイントカードの受注からスタートした仕事だったとしても、そうした店舗や会社は常に売上げをあげたいと考え、販促の仕事が途絶えることはありません。

販促をする制作物を「販促ツール」と呼びます。商品やサービスを宣伝・広告し、顧客の関心を引き、集客・売上げの向上を目指すツールです。

広告やポスター、チラシ、WEBサイト、SNSなどが一般的な販促ツールです。ですが、「これも販促ツールなの？」と目を見開くようなものもあります。多種多様な販促ツールのラインナップを持っておくことで、ひとり代理店の売上げも増えていきます。

実例を出しながら、どんな販促ツールがあるのかを紹介します。

実践例

知り合いから、ショップカードをつくりたい新規オープンのネイルサロンがあると紹介を受けました。マンションの1室に誕生した個人経営のネイルサロンです。

①販促ツール：ダイレクトメール（DM）

マンションの中にあるため、外の通りから新規オープンがわかりません。わざわざ来てもらわなければいけない場所なので、新規のお客様をオープンと同時に獲得していくのは難しそうです。そこで、まずはオーナーの知り合いにネイルサロンをオープンしたこと、オープン価格にてネイルができることを伝える「ダイレクトメール」（DM）を送付しました。

②販促ツール：看板

DMを見た知り合いが来店してくれました。しかし、どの部屋なのか、どこが駐車場なのかもわかりません。駐車場にロゴ入りの「看板」を立て、マンションのポストと玄関扉にも「看板」を設置しました。

この設置により、知り合いだけではなく、同じマンションに住む人にも知ってもらうことができました。

③販促ツール：ショップカード

顧客の評判は上々で、リピーターが増えてきました。お客様が「知り合いにサロンを紹介したいけど、ショップカードとかないの？」と言っていたそうです。そこで、興味がある人に渡してもらえるツールとして、「ショップカード」をつくりました。

そのショップカードを、オーナーさんが通っている歯医者、美容室などに置いてもらい、新規顧客にも周知しました。

④販促ツール：WEBサイト

ショップカードで場所や営業時間はわかるのですが、料金やサロン情報を伝えられるものがありません。

「WEBサイト」をつくって、ネイリストの経歴やできるネイルの種類、料金などを掲載し、魅力を伝えました。ショップカードにサイトのURLとQRコードを追加し、WEBサイトを見てもらえるようにしました。

サイトから事前予約をしてもらうことで、効率よく顧客を回転させ、1日に施術する顧客数を増やすことができました。

⑤販促ツール：チラシ・ポスティング・クーポン

WEBサイトのアクセス数は1日10件ほどです。見る人が多くなれば、来店者数も増えていきます。近隣に「チラシのポスティング」をすると、1日の閲覧者数が3倍になり、チラシについていた「クーポン」を持って、来店してくれました。

⑥販促ツール：トートバッグ

オープンして、1年。売上げが安定し、リピーターも増えました。既存顧客のおかげと、1周年記念にロゴ入りの「トートバッグ」をプレゼントすることにしました。買い物に使えるトートバッグのため、「そのバッグ、どこの?」と評判を呼び、既存顧客以外の人がサロンを知るきっかけとなりました。

こうした販促ツールで、お店の存在を知らない人にも伝え、サービスを紹介することにより、来店が増加しました。手を変え品を変え、売上げ拡大に向け、様々な販促ツールを提供できることが継続的な受注につながります。

これらを商品として売っていくのが「ひとり代理店」の仕事です。

第3章

実践！
「ひとり代理店」として
最初の売上げをあげよう

1 《実践例》2万円で名刺のデザインと印刷を受注する

営業ツールとしての「名刺」をつくる

まずは、店舗や中小企業の名刺を受注してみましょう。

いくら売上げや集客に困っている店舗や中小企業が世の中に多いといっても、「ひとり代理店」をスタートした最初のうちは、売上げ増大に直結するような販促ツールを受注することはハードルが高めです。

「こんなものができます」という実績もまだありません。

そこで、まずはあなたの名刺をきっかけにして販促の会話ができるようになりましょう。

最初に、名刺を2万円で受注することを目標にします。

◆名刺は必ず渡すことができる営業ツール

なぜ名刺なのかというと、どんな業種の人でも経営者であれば必要だからです。そして、できればインパクトのある名刺を使いたいと考えています。費用も少額です。あなたが、人として気に入ってもらえれば、「お願いしようかな」「どうせ使うし」と依頼してくれる可能性が高くなります。

方法は、あなたの名刺を「営業ツール」としていつもカバンに入れておくだけです。そして、経営者や起業家、個人事業主などお客様になりそうな人と挨拶するチャンスがきたら、名刺交換するだけ。それだけで名刺作成の依頼を受けるチャンスが手に入ります。

名刺は、その人の第一印象を形成する大切な役目を果たします。名刺のデザインや内容が魅力的であれば、「ひとり代理店」として、プロフェッショナルなイメージを与えることができます。

名刺交換なら、日常的に行っており、前のめりに営業していると思われることもありません。むしろ、相手が先に名刺を出してきたら、その流れに乗って渡すだけ。営業が苦手な人も、名刺なら躊躇せず渡すことができるでしょう。

インパクトがありながら素敵な名刺

知り合いに「『ひとり（広告）代理店』を始めました」と名刺を渡しながら、副業をはじめたこと、あるいは起業したことを伝えることができます。

「この名刺、素敵ね。私もつくってほしい」

まずは、そう言われるような自分の名刺をつくります。

◆誰もがつくりたくなるような名刺をつくる

ポイントはここです。「さすが販促・デザインで起業したプロフェッショナル」と思ってもらえるような名刺づくりが大事なのです。

そのため、あなたの名刺をつくるタイミングで、名刺のデザインができる人、名刺を印刷できる人を探します。知り合いに一緒に仕事をしたいと感じるデザイナーがいれば依頼すればいいですし、いなければクラウドソーシングで探して発注しましょう。


このとき、原価としてかかるのは、次の2点です。
1　デザイナーに依頼する「デザイン制作費」
2　印刷会社に依頼する「名刺印刷代」

名刺をデザイナーに制作してもらうと相場的には幅広く、3000～5万円になります。

デザインの内容や難易度、デザイナーの経験やスキルなどによって異なります。安すぎず、高すぎない5000～1万円程度でデザインしてくれる人に依頼しましょう。

このとき、相性のよいデザイナーさんを選ぶことが大切です。今後、「できる人に依頼する」ことを実現できるデザイナーである必要があります。この先「一緒に歩んでいってもよいかも」と感じられる、価値観や感性が似たデザイナーにしましょう。

ちなみに、名刺にはロゴが入っている場合があります。ロゴを新規に制作してもらう場合は、5万～20万円ほどの費用がかかります。もちろん、つくらないという選択肢もあります。

◆個性が出すぎる名刺はツールにならない

名刺制作で重要なのは、インパクトです。

個性豊かな名刺は無限にあります。イラストで似顔絵が描かれた名刺、自己紹介がびっしり書かれた二つ折りの名刺、透明なプラスティックに印刷された名刺、様々な形にカットされた型抜き名刺など。

こうした名刺は、インパクトがあり記憶に残るものです。販促の代理店を探していると相談されたときに、記憶に残る名刺だと「前に名刺交換したことあったな」と思い出してもらえる可能性が高くなります。

しかし、あなたの名刺の目的は、覚えてもらうだけでなく「私もつくってほしい」と言われる名刺です。個性が前面に出すぎて、「あなたらしい名刺でおもしろいね」で終わってしまっては受注につながりません。

◆クオリティとインパクトが大事

シンプルなのに少し変わっていてセンスがあり、「私も同じようにつくってほしい」と言われる名刺です。初回の受注につながる名刺なので、あまりに高額でもチャンスを失ってしまいます。つまり、それらのすべてを兼ね備えた名刺をつくるわけです。

そのため、誰もが使っている通常サイズの、名刺フォルダに収納できる仕様で考えます。サイズや形は変えないので、名刺フォルダで埋もれてしまうような紙や印刷ではいけません。印刷会社や他の広告代理店がすぐに思いつきそうなものでもだめです。クオリティに優れ、クライアントの期待を満たすものをつくります。

⬇特殊な印刷ができる会社で特別な名刺をつくる

次に印刷代です。「格安名刺を印刷します」といったところではなく、特殊な紙で、特殊な印刷ができる会社を探します。

こうした特殊な名刺を印刷してくれる会社をネットでも探すことができます。探すことが難しければ、デザイナーに教えてもらう方法もあります。多種多様な印刷会社へデザイナーがデータを送付する場合もあり、あなたの名刺印刷にマッチした会社を教えてくれます。

この名刺を制作する仕事をきっかけに、お客様から他の販促の依頼も舞い込むようになります。名刺の制作をしていくうえで、何度もコミュニケーションをとり、信頼関係を築いていきましょう。

名刺を納品して、1か月ほど経過した頃に「名刺の反響はどうですか？」とお伺いしてみます。話をする機会をもらえたら、他の仕事を受注するチャンスです。

小さな仕事でも、それを通じてお客様との信頼関係を築いていくことが、将来の大きな売上げにつながるのです。

2 センスよく見える自分の名刺をつくる

実際にどんな名刺をつくるのか

ここでは、私の名刺を例にして解説していきます。

私の名刺は、真珠のように輝く特殊な紙で、ゴールドのインクを使っています。こうすると、誰がつくってもセンスよく見える名刺になります。

この仕様で名刺をつくることで、とくに売り込まなくても受注できるようになります。

真珠のように輝くパールトーンの紙に、ゴールドのインクを使って印刷することは印刷のプロもなかなか思いつかない手法で、この2つが合わさることで輝きを増し、異彩を放ちながら、高級感があり、上品な印象を与えることができます。

◆パールトーンの紙で一気に目立つ

真珠のように輝く紙とお伝えしましたが、私が使っているのは「ペルーラ　スノーホワイト」（特殊東海製紙）という両面パール調の高級紙で、優雅に輝きを放ちます。高級ホテルやレストラン、ファッションブランドやジュエリーショップの特別な招待状などにも使われ、高級感があります。名刺を出して挨拶すると「プレミアム感のある名刺ですね」と言われるほど。

名刺はサイズが小さいので、こうした特殊な紙を使ったとしても一般的に使われる名刺用紙に＋αの金額で、このような印象を与えることができます。一例として、「ペルーラ」という紙を紹介しましたが類似の用紙でも構いません。

「ペルーラ　スノーホワイト」は、名前の通り、雪のように白く、純白で肌触りが良い色味が特徴で、落ち着きがあり、上品な印象を与えます。

名刺をつくるうえで最優先しなければならないのは、文字が読みやすい、見やすいことです。再度連絡をとりたいとき、住所や電話番号、メールアドレスなどが読みづらければ、「やっぱり連絡するのをやめよう」とチャンスを逃す可能性があるからです。そのため、白色でインパクトのある紙を使います。

⬇ 挨拶のアイテムから営業ツールに

この紙を使用することで、名刺が単なる挨拶のアイテムではなくなります。これまでの名刺交換では見たことのない紙で興味を引きます。

高級感や上質さを強調した紙を使うことで、質より価格や量を求めるお客様は必然的に排除されます。自らのブランディングにも寄与し、自動的にお客様を選別してくれるのです。

◆金と黒の2色印刷で高級感を出す

このパールトーンの紙に印刷するインクは、黒と金の2色だけです。センスよく見せるには、極力、色数を減らすことです。すっきりしたデザインに仕上がり、シンプルで洗練された印象となります。この洗練さが「さすがプロ」という印象を与えます。無駄をそぎ落とし、余白を効果的に活用し、伝えたい情報を的確に伝えます。

実はこれだけではありません。色数を減らすことは印刷コストを抑えることにもなります。黒と金のインクしか使わないのでコストが抑えられるのです。

私の名刺には、もう1つカラクリがあります。

金色を使うときは箔押し印刷といって、ゴールドにしたい部分の型をつくり、金箔に圧力をかける特殊な印刷が多いのです。箔も高いですが、この型の製作費が数万円するなど、とても高額なのです。

しかし、この名刺は金箔ではなく、金色のインクを使っています。高額な型も金箔も必要なく、1色としてカウントされます。

デザインはシンプルに

次にデザイン。伝えたい情報だけを入れていくのですが、これはデザイナーに任せましょう。文字は必要最小限、絵柄は入れたとしてもロゴだけ。不必要なものはそぎ落としましょう。こうすることで、紙とゴールド印刷の印象をダイレクトに伝えられます。

この名刺を、起業当初からつくっていたわけではありません。「ひとり代理店」として副業・起業するのに必要だったのは、パソコンと名刺くらいでした。

事務所は自宅で固定費もなく、パソコンはもともと持っていたので初期投資はこの名刺だけと言っても過言ではありませんでした。広告代理店なのだから、名刺が重要だとわかっていたはずなのに、名刺すらコストをかけず、自宅のインクジェットプリンターで印刷していたのです。振り返れば、受注をするチャンスを自ら逃していました。

あるきっかけで、現在のような名刺に変えました。入れている情報やデザインは以前と同じです。紙とインクにこだわっただけで、名刺交換した人の印象は一気に変わりました。

「この名刺、素敵ですね」

「プレミアム感ある名刺ですね」

「さすが広告代理店、かっこいいですね」

名刺交換だけで、会話の量がぐっと多くなりました。営業トークに磨きがかかったわけではありません。ただ会話のキャッチボールの中で紙や印刷のことを説明しているだけで、自動的に名刺の制作を受注できるようになりました。

あるセミナーで会ったお客様は、名刺交換はしましたが、そのときに名刺を制作してほしいという話にはなりませんでした。名刺交換をしてから約10か月後。会社員を退職され、起業されるタイミングで、名刺をつくりたいと連絡がありました。名刺が撒き餌のような作用をしてくれていたのです。

「誰の名刺よりも印象に残っていて、あのままつくってほしいんだよね」

その後、反響を聞くと「会社員時代はなんとも思わなかった名刺だけど、独立したらホント大切。おかげ様で評判良いですよ」と喜ばれていました。

3 名刺を超優秀な営業ツールにする

興味を持たれる「代理店」

　何をやっているのか、どんな仕事をやっているのかわからない。それでも、**なんだかすごそうな印象を与えるのが「広告代理店」、あるいは「代理店」というパワーワード**です。ひとりで代理店をしている人は珍しく、とても興味を持ってくれます。

「広告代理店ってどんな仕事しているの？」と、名刺交換をした相手のほうから業務内容を聞いてくれます。営業が苦手でも相手からの質問であれば、会話がはずみます。「こんな名刺をつくることも仕事ですよ」と会話の中に差し込んでおきましょう。

また、忙しいイメージもあるのでしょう。「広告代理店って大変じゃない？」と心配してくれます。「お客様と一緒につくった広告で売上げがあがると思うと面白い仕事ですよ〜」

と伝えましょう。勝手にこの人に頼むと売上げがあがるのかな、と過信してくれます。

さらに**「ひとり」にも興味を持ってくれます。**大人数でやっている大手代理店のイメージがあるため、「ひとりで広告代理店なんてできるの？」と興味津々です。会社案内やWEBサイトがなくても一通りの業務内容は伝えることができます。

店舗の経営者や中小企業の社長は、売上げをあげることに興味を持っています。いきなり受注はできなくても、広告や販促の相談ができる相手として印象に残ります。

こちらから話題を振らなくても、仕事内容を根掘り葉掘り聞いてくれる「広告代理店」というパワーワードを活用しない手はありません。「ひとり」を入れることで、事業規模まで伝えることができます。文字のサイズは大きくなくてもよいですが、目立つように入れましょう。

「屋号」でも興味を引く

しかし、全員が「ひとり広告代理店」というワードに食いついてくれるわけではありません。もう1つ別のキーワードとして「語れる屋号」を忍ばせておきます。

個人事業主ですから屋号（会社名）は必須ではありません。個人名のままで活動することも問題ありませんが、**特徴のある屋号をつければ「なぜこの屋号なのかな？」と名刺交**

換をした相手の印象に残りやすくなります。

職種まで伝えられる屋号にしておけば、直感的に「この人に販促の相談をしてみようかな」「チラシをつくってもらおうかな」と一歩先の会話ができるようになります。

「ひらり宣伝社」

これが私の屋号です。

ひらがななので、覚えやすく、「ひらりさん」と呼んでくれることもあります。なぜ「ひらり」なのか…。そのルーツをたどれば長くなるのですが、採用した理由は起業当時、本名の次に認知度があるペンネームだったからです。起業する前、タウン情報誌に毎月1ページの山ガールコラムを書いていました。本名を知らない人も、会ったことのない人もこのペンネームを知ってくれていました。

コラムを知っている人に出会ったときに、「もしかして山コラムの？」と見ず知らずの人が覚えてくれている名前だと実証されていたからです。「宣伝社」は、「広告」より古きよき言葉に聞こえ、どの年代でもわかりやすい業種を表す「宣伝」を起用しました。

英語やカタカナはかっこいいのですが、「結婚指輪」と「マリッジリング」だと圧倒的に「結婚指輪」と検索する人が多いことが調査結果からわかっています。もし屋号に悩んだら「ひらがな」と「漢字」で考えることをおすすめします。短めでシンプル、覚えやすいことがポイントです。

このようにユニークな語れる屋号でコミュニケーションがとれることで、記憶に残ります。屋号が魅力的であれば、相手が自然に話題を振りやすくなり、コミュニケーションのきっかけとなるでしょう。

◆ロゴも会話のきっかけになる

Ⓥ「ロゴ」も大きなインパクトになる

そして、名刺に入っているロゴは、「揚羽蝶《あげはちょう》」です。ロゴと言っていますが、母から引き継いだ、私の家紋です（この本の裏表紙に入っています）。

「お客様の持っている原石を輝かせる」という事業方針のため、この原点である古きよき家紋を輝かせたいということから採用しました。大好きな家紋であり、この家紋が日の目を見たら、とも考えました。

このような理由からロゴとして使用している家紋ですが、インパクトがあり、コミュニケーションネタの1つとなっています。「これ、なに?」とアゲハ蝶に見えない人、「このロゴはチョウチョ?」と聞いてくる人、様々です。

このロゴを家紋と認識した人は「僕のは、丸の中に笹が入ってて…」と語り始めてくれます。わからない人も大勢いますが、「自分の家紋なんてどうやったらわかるの？」「誰に聞けばいいの？」と会話が広がります。後日、「家紋がわかったよ、これだったよ」と連絡をくれることもあります。

「アゲハ蝶の家紋は、広島には多いのですよ」と言うと出身地の話で盛り上がることもあります。「同じ出身地」なんてなれば、同郷として親近感がわき応援したくなります。「お客様がいるわ」「この間、出張で行ったよ」となると、「どんなお仕事で行かれましたか？」「どのあたりに行かれたのですか？」など話題は尽きません。

名刺をきっかけにどんどん会話が広がるので、なにか販促をしたいと思ったときに、一番にあなたが思い浮かぶことになります。共通の話題を持っていることで理解も深まり、コミュニケーションの障壁が減ります。円滑な意思疎通が図れ、ビジネスの成功にもつながります。

◆名刺に事業内容を書かないと質問される

名刺交換をすると、必ず裏面を見られます。そこには、業務内容など情報を盛りだくさんに書きたいところです。しかし、私の名刺は真っ白です。すると、こう質問されます。

「どんな仕事をしているの？」

こう質問されたら、「いろいろ」と答えて、ひとり代理店がしている仕事を勝手に解釈してもらいましょう。これが仕事の幅を広げるポイントです。

先に書いたように、できる人さえ見つけてしまえばいいので、なんでも仕事にできます。仕事のラインナップを書くと、「名刺の裏に書いていないことは依頼できないのかな？」と相談しにくくなってしまいます。

あえて、名刺の裏に書かず、相手に想像してもらうことで、まずは相談してもらうきっかけをつくります。仕事の内容をＰＲし、営業をかけるのではなく、困っていることを相談してもらうことで、受注のきっかけをつくります。

このように、「広告代理店」というパワーワードと、「語れる屋号」を上手に活用し、相手に強い印象を与えられる名刺づくりが第一歩です。つくった名刺できっかけができ、あなたの最大の味方になる重要なツールとなってくれるでしょう。

最初に躊躇せず渡せる名刺が営業ツールになり、誰でも必然的に、名刺印刷代とデザイン費で、初回売上げ２万円（利益１万円）が獲得できます。

4 とにかく名刺交換が最初の一歩

知っている人に「名刺」を渡しまくる

名刺ができたら、自動受注するためのツールと仕組みは揃いました。あとは名刺交換のできる場所に行って、人に渡すだけ。まずは、すでに出会っている人に渡しに行きましょう。

◆知り合いにどんどん渡して広がりをつくる

なぜ、すでにあなたの連絡先を知っている人に名刺を渡しに行くのでしょう。それは、はじめて会う人とすでに出会っている人とでは、出会っている人のほうが受注できる可能性が高いからです。

あなたの性格や仕事の仕方、誠実さなども知っています。「副業を始めた」「起業をした」ことを知ると新たなチャレンジを応援してくれるでしょう。

友人でも仕事関係で知り合った人でも、仲がいい居酒屋の大将でも、いつも行っている美容院の人でも構いません。誰でもよいので渡しまくればいいのです。想像以上にあなたのことを想ってくれている人は多いものです。

◆あなたには意外に多くの知り合いがいる

定年後に起業をしようと考えている部長さんや課長さんなどはうらやましいです。今まで仕事で出会ってきた人は多く、名刺を渡せる人脈もお持ちでしょう。すごい資産です。子どもがいるパパやママは、子どもをきっかけに出会った人たちがいます。パパ友やママ友でお店をしている人、マルシェなどへ出店している人、ハンドメイドサイトなどで物販をしている人もいるかもしれません。

趣味で習い事をしている人、リスキリングのため学校に通っている人、名刺を渡せる人は日々の生活でたくさん出会っています。

あなたのまわりに広がっている人とのつながりを信じて、できるところからでいい。名刺をどんどん渡していきましょう。新たに張ったアンテナに様々なものがひっかかるようになり、今までとは違う世界が見えてきます。

そこから糸口を見つけ出し、手繰《たぐ》り寄せましょう。今まで出会ってきた人を大切に、紹介という人脈も含めて、広げていきます。

⬇新しいつながりは好きなこと・セミナーから

過去や現在とは違う人とのつながりの中で起業したいと考えている人もいることでしょう。その場合、新たなつながりをつくれる場所がどこかを考える必要があります。

とにかく仕事や人脈を考えず、行きたいところに行ってみましょう。

◆どこに仕事があるかわからない

ヲタ活でもいい、好きなアーティストのライブやオフ会でもいい、夜のお店に遊びに行ってもいいのです。アイドル好きのヲタさんからはイベントの仕事をもらったこともありますし、地元アイドルのＣＤジャケットもつくりました。

ラウンジのママからは名刺・周年ノベルティや伝票、病院からは診察券や封筒、動画の制作の注文をもらいました。どこにきっかけが落ちているかはわからないのです。

それでもなかなか重い腰が上がらない人は、あなたが受けたいセミナーに行ってみましょう。そこには個人事業主やフリーランスの人も少なからずいることでしょう。セミナーがきっかけだったとしても人脈は広がっていくのです。

Column

名刺に「広告代理店」や「やっている仕事」を入れる？

●「広告代理店」というワードはわかりやすい

名刺に「ひとり広告代理店」と書いているのは理由があります。

以前勤めていた広告代理店は、名刺に「広告代理店」とはっきり書かれていませんでした。広告を意味する「アド〜」から始まる会社名だったので広告業とわかっているだろうと信じていました（「アド」は広告という意味の英語「アドバタイズメント」の略）。

当時、名刺交換したときによく言われていたのは、「アドがつく会社って国道沿いにもあるけど、グループ会社？」とか、「あ〜、おたくの会社の人と名刺交換したことあるよ」でした。

国道沿いの会社はグループ会社ではありませんし、名刺交換したのは同じ会社の人ではありませんでした。

「アドって広告っていう意味だから、広告代理店は社名によくつけていますよ」と伝えたところで、それ以上会話は弾みません。むしろ、名刺交換した相手が「しまった」と赤っ恥をかく形になり、会話がストップしてしまいます。

初対面の人に「ひとり広告代理店って面白そう」と思ってもらう狙いも含めて、「広告代理店」を名刺に入れる効果はとても大きいのです。

●名刺のウラは真っ白でいい

長くつき合っているお客様が発注している仕事と、会話に出てきた他社で担当している仕事内容にギャップがあり、「そんな仕事もしているの？」と驚いて強く印象に残ります。

どんな仕事を受注できるのか、どんな仕事をやっているのか、すべての仕事のラインナップを知ってもらう必要はありません。必要なときに必要な情報提供をしていくことで、自然な流れで受注につなげるのです。

そうすることで、お客様自身が今まさに欲している販促を思い浮かべ、「ＷＥＢサイトってつくれるの？」と質問してくれます。

時と場合により、ＷＥＢサイト制作者、イベント企画者、コンサル、タウン情報誌の人、企画書をつくってくれる人など、いろいろな顔を持つことができます。だからこそ、名刺の裏面は真っ白が正解なのです。

5 「コワーキングスペース」はおすすめ

知り合いゼロから仕事を広げた方法

私は依頼のあった仕事を請けるだけという起業からスタートしました。起業していることを元々お客様だった人も含め誰にも言わない、ゆる〜い専業主婦からの起業だったので、わざわざ名刺交換のできる場所に行ったり人に会う努力はしませんでした。

しかし、今のように多くの仕事をもらうきっかけになったのは、名古屋のコワーキングスペースに行ったことでした。

「面白いところがあるから、行かない?」とセミナーで知り合ったコピーライターが連れて行ってくれたのがコワーキングスペースでした。コワーキングスペースとは、様々な年齢、職種、所属先の人たちがデスクや設備等をシェアしながら共に働く場所のことです。

転勤族の夫と引っ越した愛知県には、取引先も友人もまったくいません。近所に話す人さえいませんでした。愛知県での仕事は、すべて人脈ゼロから受注したものです。ここでは、どうやって人とのつながりが広がっていったのか、どうやって仕事が受注できたのかを紹介します。

コワーキングスペースに連れて行ってくれたコピーライターと知り合ったのは、確定申告の基礎講座で出会った人に誘われて行った、15名ほどのセミナーでした。

当時、自宅でできる仕事のため、コワーキングスペースなんて行こうと思ったことすらありませんでした。到着するまで、どんなところなのかもわかりませんでした。誘われるがまま、流れには逆らわず、波に乗るだけ。

たどり着いたのが、それぞれ持っている能力を出し合い、みんなで上を目指していこうという風潮のコワーキングスペースでした。「仕事はつくるものではなく、生まれるもの」という言葉がぴったりの場所でした。

◆同じ意識の仲間が発注してくれる

コワーキングスペースは、「ひとり社長」と呼ばれる個人事業主や起業家やサラリーマンをしながら副業をしている人が集まっています。事業をひとりで運営している人が多いため、外部とのつながりを求めています。

常に新しいビジネスチャンスを求めており、名刺制作のような小さな案件でつながれるなら…、同じように起業したてなら…と応援の意味も込めて積極的に発注をしてくれました。

だからこそ、今まで培ってきたつながりとは違う場所で活躍したい、新しいつながりだけで起業・副業したいと考えた場合、コワーキングスペースがオススメなのです。ゼロからでも受注がとれる場所、未来の事業の可能性を広げてくれる場所といえるのです。

セミナー開催が多いコワーキングスペースを探す

どうやって、このような最強なコワーキングスペースを探すのでしょうか？　手あたり次第、見学に行き、オーナーやスタッフの話を直接聞くのも1つの方法です。ポイントは、ひとり社長が多く、セミナー開催が頻繁に行われ、会員同士の交流・つながりを重視しているところです。できれば自宅から近いほうがいいですね。

ひとり社長や個人事業主は、ひとりでしているからこそ、外部の協力を求めることが多く、相談されることも多くなるでしょう。気軽に声をかけられる存在になっておけば、すでに持っている能力を買ってくれ、様々な仕事でチームをつくる必要があるときに誘ってくれるでしょう。名刺を受注できるだけではなく、そんな関係性がつくれるコワーキングスペースを探しましょう。

6 「名刺交換」をスムーズにする裏技

はじめての人に話しかけられないときは

はじめましての人と出会う場所、セミナーやコワーキングスペースでの名刺交換は、ひとり代理店として最初の売上げをつくるために大事な場所です。

名刺交換はビジネスの第一歩です。セミナーでは、あなたが学びたいと思って申し込みをした想いと同じ想いの人が集まります。コワーキングスペースには副業や起業など同じ個人事業主やフリーランスとして活躍している人が集まります。

「同じ」という共通点があったとしても「名刺交換してもいいですか？」とは話しかけにくいでしょう。

◆「質問」をするだけで名刺交換ができる！

そのハードルを下げる会話のストーリーがあります。「名刺交換してもいいですか？」

とストレートに言うよりも、その壁が低くなり、ひょいとまたげる方法があります。むしろ、そこが壁だったなんて気づかないほど、違和感なく名刺交換できる方法です。

それは、SOSをしてみることです。

「さっき講師が言っていた事例、メモできなくて。教えてもらえませんか?」「この部分がわかりにくかったのですが、わかりますか?」と困っていることを聞いてみましょう。

困っている人に対して突き放す人は、いません。そして質問に答えるという行為が、教える立場と教えられる立場をつくります。

質問することで相手を少し上の立場に上げ、ちょっとした上下関係が生まれます。そうすることで、相手はあなたにいろんなことを聞きやすくなります。「どうしてセミナーに参加したの?」「どんな仕事をしているの?」などと質問してくれる可能性が高くなります。

ここまでくれば、名刺交換のタイミングを見計らうだけです。

話が盛り上がってきたタイミングや仕事について聞かれたときに「私は『ひとり代理店』をしておりまして…」と言いながら、名刺を出しましょう。

「名刺交換させてもらえませんか?」と言わずとも、名刺を出したら相手も出してくれます。自然な流れで名刺交換が成立です。

◆日常会話が名刺交換につながる

コワーキングスペースも同様です。コワーキングスペースには、様々な業種のプロフェッショナルが集まっています。新たなお客様を紹介してもらえるばかりか、ビジネスパートナーと出会える可能性が高まります。

ビジネスと考えるとなかなか声をかけづらいものです。学生の初々しい入学したての頃を思い出しましょう。クラスの子に話しかけるのに特別な話題を振っていましたか？　答えはノーです。

◆良い印象を与える名刺交換が成果につながる

きっと最初は「なにで帰るの？」「電車～」とか、「今日のお昼、お弁当？」「お弁当だから一緒に食べる？」とか、そんな会話ではなかったでしょうか？

その頃と同じように問いかけ、駅までの帰り道を一緒に歩いたり、コンビニに一緒に行ったり、ランチに行くなどしましょう。目的が完了したときに「そうそう、またご一緒したいので、名刺渡しておきますね～」と差し出します。

無理に名刺交換をすると相手が営業と感じたり、不快な思いをする場合もあります。そのような状況にならないように、あなたが話しかけやすい方法で会話を進め、ここぞというときに名刺を出すのです。良い印象を与える名刺交換こそが、相手からの信頼を得やすくなり、ビジネスの成果につながります。

実践例

画家のお客様で「なんとなく名刺を渡すことをためらってしまう」とおっしゃる方がいました。

個人で活動されている方は、名刺を渡さなければ連絡先がわかりません。どんなに、「あの人から絵を購入したい」「先日お会いした画家の方の個展があれば行ってみたい」と思ってくれたとしても連絡をとることもできません。

とにかく名刺を渡さなければ、そのチャンスをつかめないのです。

この画家の場合は、絵画という魅力があります。そこで、描いている絵を10枚選び、それらを裏面に印刷した10種類の名刺をつくりました。名刺交換をする際に、「この10種類の私の絵、どれがお好きですか？　1枚差し上げます」とトランプを選ぶように渡せるようにしました。

好きな絵を選んでもらうことで、名刺交換という儀式の苦手意識を払しょくすることができました。さらには、どの絵が人気なのか、このお客様はどんな絵が好みなのかというニーズ調査もでき、進んで名刺交換ができるようになりました。

⬇ビジネスを広げるアイテムが名刺

どんなときも、すぐに出せるところに名刺入れを入れておきましょう。ポケットやカバンのすぐに取り出せる場所に入れておきます。

取り出すときにぐずぐずしていると、せっかくつくった流れが止まってしまいます。「あっ今日は名刺持ってくるの、忘れました」「さっき名刺を切らしてしまって」なんて、もってのほかです。自宅を出る前に必ず、名刺入れに入っている名刺の枚数を確認します。セミナーなどで多くの人と会う可能性がある場合は、予備の名刺も持参しましょう。

◆交換の流れをつくるよう準備を怠らない

名刺交換は、ビジネスを広げるための重要なステップです。名刺交換の流れを自然につくり出し、スムーズに実行できるよう、準備をしておきます。ビジネスの可能性を広げるために、「1日1人は名刺交換する」などゲーム的なミッションを掲げてもいいです。

積極的に行動し、ゲーム感覚でポイント（名刺）を貯めていきます。コツコツ集めて「今日いる人たちは全制覇」と楽しみましょう。小さなきっかけから、自然な形で人脈を広げ、売上げを伸ばせるのです。

7 名刺の紙質や色のうんちくを話す

知識や経験の不足がわからない受注法

名刺といっても多種多様です。知識や経験もないのに、「こんな形にできる?」「こんな紙で印刷できるのかな?」「こういうデザインどう思う?」と質問攻めにあうと、知識や経験がないことがわかってしまいます。これを回避するために、「これと同じような名刺をつくってほしい」と言ってもらうことが大切です。

あなたの名刺がサンプルとなり、「この仕様とデザインで名刺をつくってほしい」と言ってもらえれば、知識や経験は必要なく、受注できてしまいます。

同じ仕様やデザインの名刺というゴールがあれば、最短時間で納品ができます。だからこそ、ほかの人がつくっていないような特別な紙と特別なインクを使った名刺をつくるのです。

その紙とインクについてだけプロっぽく話せるようになっておけば、知識があると認識され、「この人に頼んでみようかな」と注文をもらえるのです。

もしも、この名刺という営業ツールがなかったらどうなるでしょう。デザインをどうするかゼロから考えなければなりません。デザイン、フォント（書体）の種類、紙…いろいろな組み合わせがあり、時間がかかってしまいます。基本ベースとなるサンプルがなければ、知識や経験のない起業したての状況では対応ができません。ひとり代理店はデザインのプロ、販売促進のプロであるはずなのに、相手の不安が募ってしまいます。販促の受注どころか、名刺さえ発注してもらえません。

これを回避するために、「あなたの名刺のように名刺をつくりたい」と言われる、見本となる名刺をつくるわけです。

この名刺さえあれば、知識、経験、センスもなしで受注ができ、最短時間で納品ができるようになるのです。

8

一式2万円の価格のつけかた

◆売り込まず聞くだけでいい

名刺交換をすると、ほとんどの方に「素敵ですね」と言われます。この言葉を言われたら「おつくりしましょうか？」と間髪を入れずに言うだけで受注ができます。

名刺を差し出した後の自己紹介は簡潔に、「ひとりで広告代理店をしている、小宮です」と伝えます。屋号（ひらり広告社）は、すごく悩んで決めた屋号で、話題にしたいのは山々ですが、最初の短い挨拶では言いません。強調したい「ひとり」と「広告代理店」、そして名前に注力します。

⬇「おつくりしましょうか？」で受注

「ほんとは買うつもりではなかったけれど、ついつい話の流れで買うって言っちゃった」ということはありませんか？　その「ついつい」の状態をつくっていきます。

相手　「この名刺、素敵ですね」
あなた「おつくりしましょうか？」
相手　「これ、いくらくらいでできるの？」
あなた「100枚で2万円です」
相手　「じゃあ、お願いしてみようかな」

名刺を受け取った相手が「素敵ですね」と言ってくれることは、あなたの名刺が相手に好印象を与えたことを意味しています。その瞬間に、名刺作成サービスを伝えることで、相手は自然に注文を検討するようになります。

「2万円でこんなインパクトのある名刺ができるのだったらお願いしようかな」となる可能性が高まります。この受注のスキルは難しいものではありません。**名刺をどこか褒めてもらったら「おつくりしましょうか？」と反射的に言うだけです。**

売り込まなくても売れる状態を、あの手この手で重ねていきましょう。難しいマーケティング論とか、人間行動論のようなものは必要ありません。ただ、「売らない」「売り込まない」ことだけを考えましょう。

◆価格ははっきり伝えておくと将来につながる

「2万円です」と言ったとき、「ふ〜ん」という感じで終わったとしても、追いかけてはいけません。**金額まできちんと伝えているので、もし頼もうと思ったときに頼みやすい状況をつくることができています。**

金額を伝えていなければ、「あれ、お願いしてみたいけど、わざわざ声かけて思いのほか高かったら嫌だしな」と声をかけることを躊躇することもあるでしょう。その状況を回避するために、はっきりとした価格を伝えておくのです。

こうしておくと、「そういえば、あれ注文したいな」と思い、5年後とか、10年後だったとしても注文がある場合があります。

これは過去何回もあった話です。相手が「注文しない雰囲気100%」だったとしても、インパクトがあって記憶に残っていれば、相手のタイミングで注文に至ることもあるのです。

◆価格はシンプルにわかりやすく伝える

価格も「100枚で2万円」以外は伝えません。この価格はデザイン費+印刷代+郵送費ですが、内訳は伝えません。200枚の場合はいくらで、300枚の場合はいくらでとか、「明細の見積りを出しますね」というようなことは言わなくていいのです。お客様も、ごちゃごちゃと言われはじめると、なんだか面倒になってきます。

シンプルに、わかりやすく覚えやすい価格で伝えましょう。

もし200枚必要ならば、相手から「200枚の場合はいくら?」と聞かれるので、聞かれたら答えるようにしましょう。請求書には明細を入れますが、口頭での受注はシンプルイズベストが注文をもらいやすい秘訣です。

◆名刺が受注できなくても気にしない

名刺が受注できず、うまくいかなくても気にすることはありません。きっかけになりやすいから「名刺で最初の売上げをつくろう」と目標にしただけです。「代理店」ってなにをしているところかわからないから取り組んだものです。

「ひとり代理店」の話や名刺のプロっぽい話をできたことで十分です。きっとお客様の中に、代理店はなにをしてくれるところか、なにを頼めばいいのか理解が進んだはずです。「この人は販促のプロフェッショナル」というイメージを植えつけることはできました。

なにも売らない。なにも売り込まない。そして、必然のポイント=頼んでみようかな、を何度もつくり、そのタイミングを待つだけです。

Column

《実践》 名刺をつくって納品する

● **ひな型があるので時間がかからない**

本文で述べたように、お客様から名刺を受注したら、あなたの名刺を担当したデザイナーに名刺を制作してもらいます。

基本デザインは決まっているので、大幅な変更になることはありません。デザイン、紙、インクの色も金額も決まっています。すべてがスムーズに最短時間で進みます。

最短時間で納品できるということは、あなたやデザイナーが対応した時間を時給で考えると、その分のコストも下がることになります。

すでに名刺のデザインベースがあるからこそ、この最短時間が実現できるわけですが、「あなたに頼むといつもあっという間に納品してくれる」と評価してもらえます。

ゼロからデザインを起こし、仕様を決めなければならないケースより断然早く納品ができ、満足度が高くなるのです。

● **デザインの修正をするときは**

名刺制作に際して、住所等のお客様の情報、ロゴをデザイナーと共有します。デザインがあがってきたら、お客様に転送し、お客様から修正があればデザイナーに伝える、という伝言役に徹します（50～55ページ参照）。

時々、お客様からの指示に対して、デザイナーが仕様を変更してしまう場合があります。例えば、「電話番号だけ他の文字の5倍の大きさにしてほしい」などの要望があったにもかかわらず、こちらのほうがバランスが良いからとデザイナーのセンスで良かれと思い、他の文字の2倍程度に調整してしまうような場合です。

このような場合は、お客様の要望通り5倍の大きさの文字のものと、デザイナーのセンスで変更したデザインの2種類を提出します。

デザイナー案を提出するときは、デザイナーになぜそうしたのかを確認します。これは、お客様に提出する際、その理由を丁寧に伝えることでプロとしての仕事になるうえ、センスよく見えるからです。

2種類のデザインのうち、お客様がどちらを選択しても構いません。2種類提出し、比較することで、「より良いデザインを自分で選んだ」という印象になります。試行錯誤して完成した「私がセレクトした名刺」と感じるので、たくさん名刺交換をしたくなります。

名刺交換をたくさんすれば、お客様自身の売上げがあがるきっかけが生まれます。つまり、あなたがお客様の売上げをあげるチャンスをつくったといえます。これが広告代理店の販促の仕事となるのです。

●納品場所、納品日時、納品状況を丁寧に伝える

デザインが決まったら、印刷データを印刷会社に送ります。特殊紙にゴールドインクの印刷であれば、1週間程度で納品できます。

お客様に納品場所や到着希望時間などを確認しておきましょう。

個人経営の店舗は、自宅に届けてほしいケースや来店者の少ない時間に届けてほしいなど要望があります。定休日などもきちんと確認しましょう。丁寧にお客様の要望を叶えることで、ますますあなたの評価があがっていきます。

これだけで、グンと評価があがるわけではありませんが、他の人に依頼したとき、あなたとの違いがわかることで、やはりあなたに頼みたいと思ってもらえるのです。

商品が完成したら、印刷会社からあなたの名前でお客様に直送してもらいます。あなたの名前でお客様に直接送ってもらうことを「代行出荷」といいます。この代行出荷を依頼すると原則、印刷会社の名前ではなく、あなたの名前で商品のみ届けてくれます。金額がわかる納品書等も入りません。これで納品完了です。

到着予定日は、お客様に少し余裕を持って伝えておきます。たとえ通常の納期だったとしても伝えた日より早く到着すれば嬉しく感じます。

台風や大雨にかかりそうな場合は、事前に遅延する可能性があることも伝えておきます。遅延した場合は配送状況を確認し、状況を伝えることも大切です。今どこに荷物があるか、どれくらい遅延しそうなのか、できるだけ情報を集め、伝えます。簡単なことですが、自然現象による遅延であっても熱心に対応することで信頼はますます高まります。

●見本は必ず手元に届けてもらう

あなたのところに配送してもらった場合、印刷会社が見本として数枚の予備を入れてくれます。しかし、お客様宛に名刺を直送してもらうと、あなたの手元には現物が届きません。印刷見本を数枚、あなたの元に届けてもらうように依頼しておきましょう。通常は、数百円程度の有料となります。

万一、お客様が届いた商品を確認して、「紙が違う」とか「印刷に汚れがある」などとクレームが入ったとき、印刷した現物がないと対応できません。

手元にあれば、印刷会社のミスや不良なのか、お客様の勘違いなのか判断できます。

対応が遅くなり、お客様のイライラを増幅させてしまうことを考えると、有料であっても手元にあったほうがよいのです。

●名刺がお客様を引き寄せる

納品された素敵な名刺をお客様が多くの人に渡していきます。自らの体験と同じように、今度はお客様が名刺交換をすると「素敵ですね〜」と褒められることでしょう。気に入っている名刺の評価が高いと自信がついて、進んで名刺を出したくなります。名刺を渡すということは、お客様がどんな仕事をしているのか多くの人に伝わるということ。今まで「やっぱりいいか」と渡せなかった名刺が渡せるようになると、5人が10人、10人が30人と会話できるチャンスが増えていきます。

それに伴い、お客様自身の売上げがあがると共に、あなたの評価もあがっていきます。

お客様は名刺を褒められることが嬉しくて、あなたを誰かに紹介したくなります。「この名刺をつくってくれた方を紹介しましょうか?」と声をかけてくれるかもしれません。結果としてお客様の人脈から声をかけられることが多くなっていきます。

それが3人、5人、10人と増えていけば、またそのお客様が違うお客様を紹介してくれるという、倍々ゲームも期待できるのです。

第4章

仕事がどんどん舞い込む
営業術・仕事術

1

「○○が大変」には「代わりにやりましょうか?」

代わりにできることを引き受ける

「なにかをお客様の代わりにできないか?」

こう考えることにより、仕事をゲットして売上げを増やすことができます。お客様を助けられることであれば、直接的な販売促進や集客という方法でなくても構いません。もちろん、お客様にしかできない専門的で特別なスキルも存在しますし、高学歴の人でないとできない仕事もあります。

◆小さな仕事を引き受ける

しかし、それら以外に、**あなたがお客様の代わりにできるような仕事もたくさんあります。それを引き受けることも「ひとり代理店」の仕事となります。**

実践例1　問診票をコピーしに行くのが大変

接骨院の「問診票」の実例です。問診票はスタッフがエクセルで制作し、いつもコンビニに行ってコピーをしていました。小さな医院でコピー機がなかったのです。多めに印刷していても、なくなれば数百メートル先のコンビニまでコピーに行く。呼ばれるたびにコンビニに行ってあげることはできませんが、印刷会社で印刷してもらい、納品することはできます。

「代わりに印刷したものを納品しましょうか？」

と尋ねました。そうすると、実は患者様が問診票の記入欄が狭くて書きにくそうであるという新たな問題をヒアリングできました。改めて、記入しやすい問診票をお客様と一緒につくり、印刷したものを納品しました。

「代わりに印刷したものを納品しましょうか？」という一言で、印刷代だけではなく、印刷物のデザイン制作の仕事も獲得できました。

実践例2　パワーポイントで会社説明の資料をつくるのが大変

オンライン商談で使うパワーポイント（パワポ）の会社説明の資料。パソコンが苦手で、パワポを使ったことのない製造業の社長さんがいました。この社長がパワポで資料を作成するには、パワポの使い方から学ばなければなりません。これは時間もかかり、なかなかハードルが高そうです。

あえてパワーポイントでつくらず、製造している商品と工場・機械の写真と言葉で紹介してみてはどうかという提案をしました。しかし、他の会社がパワポで説明している姿に憧れ、どうしてもパワポの資料で説明したいということで、代わりに資料を制作し、納品しました。

相手が大変だと思っていることは代理できる

「お客様が大変」と感じていることがあれば、そこで「代わりにやりましょうか?」と伝えます。

パワーポイントの資料はいつも企画書の作成をしているため、私がつくることができます。この会社は、これまでに会社案内もＷＥＢサイトもつくったことがあったので、会社概要や仕事の内容についてイチからヒアリングする必要はありません。

写真や資料は揃っています。追加したい事項を聞き、資料を完成させました。後日、「オンライン商談、うまくいったぞ」と連絡をもらいました。いくつかの会社からサンプル製造や見積りのオファーをもらったと喜んでいました。

◆やり方、使い方を教えることも

この場合、パワーポイントの使い方を教える方法もあります。このときは、仕事として引き受けたほうがよいと判断しました。しかし、引き受けるばかりがよいわけではありません。お客様の能力をあげることも大切な仕事です。パワポの使い方をお教えして使いこなせるようになれば、「パワポが使えるようになったから、こんな受注ができた」と喜んでもらえるかもしれません。

能力を身につけると、次のステップに進めるようになります。お客様の能力があがっていくことにより、いつかプロフェッショナルにしかできない仕事を依頼したくなり、あなたの売上げを成長させることもできるのです。

実践例3　インスタグラムの毎日投稿が大変

ある店舗では毎日、インスタグラムに投稿をしていました。1週間に一度、1週間分のインスタグラム投稿用の画像を制作し、毎日時間を決めて投稿するというルーティーンでした。

「毎日投稿したいけど、定休日も用事がある日もあるから、毎日同じ時間に投稿するのが嫌になる」と嘆いていました。この仕事を代わりにできないか考えました。

◆やり方を教えることも大事

考えた結果、この仕事を私が引き受けることも可能ですが、今回は持っている知識やスキルをお客様に提供する方法を選択しました。インスタグラム投稿には日時を決めて投稿できる予約投稿機能があります。その設定の方法を教え、一緒に予約投稿を設定しました。

これで、先ほどのお客様の嘆きは解消されました。

◆相手ができることは教え、できないことは引き受ける

誰でも、なにかができるようになることは嬉しいものです。インスタグラム投稿ができるようになると、次のステップに進みたくなります。

今度は、インスタグラム広告の設定をしてみたい、と相談を受けました。予約投稿と同じように、やり方を教えながら、一緒にインスタグラム広告の設定をしました。運用中の数値の見方なども共有しました。

しかし、今度はなかなか理解が難しいようです。これについては、お仕事として引き受けることになりました。

このように、あなたにとっては簡単で、金額が小さい仕事もコツコツ引き受けます。そして、あなたが持っている知識や能力、知っている方法などを共有します。そして、「お

客様自身ができそう」と感じることはやり方を教えるようにします。

あなたの成長も大切ですが、同様にお客様も成長することが重要です。あなたが持っている能力、知識を惜しげもなくお客様に伝えることで、一緒に売上げをつくりあげていくことができるのです。

◆小さな仕事から大きな仕事へ

これらは誰でもできそうな、売上げ金額も小さな仕事かもしれません。しかし、それを代わりにやってくれる人がいないから、お客様は困っているのです。それに気づき、引き受けることで信頼を勝ち取り、売上げ金額の高い仕事へ、さらにはサブスクモデルのように継続した仕事（第5章参照）へと着実につながります。

いつも困ったときに助けてくれるからなにか返したい。そう思ってくれるようになれば、あなたの仕事も増え、提出した見積りに対し、なにも言わず受け入れてくれるようになります。そして、誰か他の経営者が困っていれば、なにかと助けてくれるあなたを紹介したくなるのです。

2 「今やっている販促の不満」を聞こう

悩みや困りごとの聞き出し方

前項で紹介したように、悩みごとや困りごと、不満の解消が、最も満足度の高い仕事になります。

第3章で解説した名刺の納品後、1か月ほど経った頃に「名刺の反響どうですか?」と連絡を入れます。

気に入ってつくった名刺なので、すでに名刺を渡している人にも「新しい名刺をつくったよ」と渡しているはずです。私の感覚では100枚の名刺を依頼されると1年以上もつことが多いので、納品した初月に10枚配っている人はなかなかのツワモノです。その反響を聞きながら、次の質問のチャンスを待ちます。

あなた「何枚くらい配られたのですか？」
お客様「まだ5枚くらいかな」
あなた「もう5枚も配られたのですね。新規のお客様、多いのですね」
お客様「いやいや、新規は少ないけどね」

◆不満を聞いたらチャンス

この、「新規（のお客様）は少ないけどね」を引き出す言葉が、「新規のお客様、多いのですね」です。ここまできたら、「新規のお客様が少ない」という不満を聞き出せたようなものです。

だいたい、そのあとにお客様から「他社はどんな感じですか？」と聞かれます。

「ECショップのお客様は先月末からなかなか売上げが伸び悩んでいますね」とか、「新聞の折込センターに聞くと工務店は新築が前年の1・5倍くらいの価格になって売れていないので、大手もリノベーションにシフトしているみたいですね」とか、お客様や取引先から聞いた情報を提供します。

しばらく質問されたことに答えたら、次はお客様に質問です。

◆経営者はやるべきことのリストを持っている

あなた「どうやったら新規の来店が増えると思いますか？」

お客様が抱える問題に対して具体的な解決策を引き出す質問です。個人経営の店舗や中小企業の経営者は、日々売上げに対して敏感です。

「これをしたらいいのにな」と思いつくことはたくさんあります。しかし、毎日の業務に追われ、なかなか手をつけられずにいるのです。そこで、時間に追われてできないこと、手をつけられていないやりたいことなどを聞き出し、それを代わりに解決してあげられないかを模索します。


お客様「WEBサイトに載せている料金が、値上がりしているのに修正できていなくて」

あなた「修正しておきましょうか？　どこですか？」

WEBサイトは、ホームページ業者などに頼んで制作している場合が多いですが、コミュニケーション不足で「修正してほしい」と言いにくい場合があります。意外にも集客できる新たな販促ではなく、本当に困っていることが具体的に出てきます。

工務店の仕事にたとえると、最初から新築がど～んと受注できるわけではなく、現在お住まいの自宅の水漏れ対応から、といったところでしょうか。

お客様が抱える悩みに対し、「対応できます」「やっておきましょうか？」と伝えます。誰かがつくったものは誰かが修正できると考え、受注してしまいます。**できない理由や**

対応できない理由を考えるのではなく、できる理由、やり方を考えるのです。もちろん、今までお伝えしてきた通り、できる人に振れば即修正できます。

悩みや困りごとはいくらでもある

他にも、「これも広告代理店の仕事なの？」と驚くような、お客様のお悩み解決をしたことがあります。どれも顧客満足度につながり、お客様の売上げが間接的にあがる問題解決です。実際にあった、お客様の悩みと、解決法を紹介します。

実践例　悩み①
山頂にあるレストラン、分岐点でどっちに行けばいいかわからないと迷う人がいる。どうしたら迷わなくなるか名案が浮かばない。
解決法「建物まで続く私道のアスファルトに、白のペンキで誘導の矢印と文字を描く」ことで迷わなくなりました。

実践例　悩み②
墓地のゴミ捨て場にカラスがきて散らかしていき、困っている。
解決法「カラス撃退用の偽物カラスを多数設置」することで、カラスが来なくなりました。

実践例　悩み③

店舗が駐車場から坂道を上がった先にあり、高齢者が辛そうだけど坂道をなくすことはできず、悩んでいる。

解決法　坂道のスタート地点に「ツエを納品して設置」し、坂道で使ってもらうことで足腰への負担が軽減されました。

実践例　悩み④

病院の自動扉が素早く反応せず、患者さんがぶつかってしまうことがあるが、良い解決方法が見つからない。

解決法　目線の高さに「病院のロゴのシートを貼る」ことでドアが閉まっていると認識でき、ぶつからなくなりました。

解決法はひとりで考えて提案するのではなく、お客様と一緒に会話の中で、「あれは？これは？」と意見を出し合うと名案が浮かぶものです。相談相手がいれば、意外と早く解決法にたどり着けます。その解決法に対し、「できますよ」と答えるだけです。

お客様はずっと重荷になっていたことが解決できると思うため、財布のヒモも緩みます。相手の懐事情を確認することなく、強気の見積りを出せばいいのです。

3 『できそうにないこと』でいいので」で引き出す

希望に合っていれば予算は変わる

人は自分が持っている知識の中で「無理だろうな」と思うことはわざわざ口にしません。むしろ、そんな突拍子のないことを聞くと馬鹿にされると思ってしまいます。

でも、「無理だろうな」と思っていたことが実現したときほど、喜びが大きく、胸が躍ります。

お客様の本音を引き出し、その要望を実現することは、「ひとり代理店」として成功するための重要なステップです。お客様が求める理想を知ることで、本当に必要としている商品やサービスを提供し、売れるものを増やしていくことができます。お客様のニーズにぴったりの商品が提供できれば、どんな商品でも売れてしまいます。

たとえ、予算オーバーだとしても買っていただけるのです。喉から手が出るほど欲しくなります。そうなるのは、欲しいと思う商品をあなたが提供できているからです。欲しい商品はお客様の頭の中にあります。それを聞き出し、形にしてあげるだけです。

お客様のニーズにぴったりで、欲しいと思う商品を引き出すためには、このように質問します。

「『できそうにないこと』でもいいので、こんなことできたらな、ということを教えてくれませんか？」

形にしたいと考えていたもの、頭の中にあるもの、お客様の本音を引き出しましょう。お客様の頭の中にあったそのままではなく、形が変わったとしても、それをきっかけにお互いにアイディアを出すことができ、面白い発想が生まれます。

「本音」がわかれば案はたくさん出る

「最高じゃないですか！　これですよ、これ！」

お客様も興奮しています。2人で洞窟の中にある宝物を見つけたような高揚感。これがあるからやめられません。

私の質問から、遊び心を持った、「無理かも」という空想を打ち明けてくれたことにより、誕生したスマホクリーナーのキャラクターグッズの事例を紹介します。

実践例

毎年、東京ビッグサイトなどで行われる大きな展示会に出展されている会社がありました。ブースに立ち寄ってもらったお礼として、扇子やモバイルバッテリーに会社名の名前を印字したグッズをプレゼントしていました。

次回の展示会のノベルティを考えていたとき、「こんな商品に名入れをするのはどうでしょう？」といくつか案を出し合っていました。

しかし、なんだかお客様は腑に落ちていない様子。そのとき「できそうにないことでもいいので、こんなことできたらな、ということを教えてくれませんか？」と質問したのです。

すると、「最近つくったキャラクターをもっと押し出したい」「キャラクターグッズを渡したい」と考えていたことがわかりました。オーダーメイドでノベルティを製作してもらうのは高そうだし、小ロットではつくれないと思い込み、なかなか言い出せなかったようです。

「できなくてもいいので、とにかく意見を出し合ってみましょう」と、お客様と一緒に様々なアイディアを出し合いました。会社の机の上に置き、常に見えるようなグッズ、もしくはスマホにつけるストラップのように常に持ち歩くものをつくれたらいいな、という大枠は定まってきました。

しかも、もらって嬉しいだけではなく、使って嬉しいグッズがよいということで、「オリジナルのスマホクリーナーがいい」と結論が出ました。「スマホ立てにマイクロファイバーのクリーナーがついているようなもので、キャラクターを印刷したい」、あるいは「キャラクター型のクリーナーストラップ」という案に落ち着きました。

◆探せば解決策はどこかにある

この結論に落ち着いたものの、内心は「クリーナーつきのスマホ立てなんて見つかるだろうか」と半信半疑でした。しかし、長年つき合っているノベルティ会社に問い合わせると、提案できる価格帯のクリーナーつきのスマートフォンスタンドを2案も紹介してもらえました。いずれも100個単位でキャラクターと社名のプリントができるスタンドです。

もう1案のキャラクター型のクリーナーストラップは、最小ロットが多すぎて手が出ません。制作したいのは100個です。小ロットでもお客様のキャラクターをプリント対応可能な、オリジナル・スマホクロスも見積りに入れました。

さらに、「この目的を達成できるグッズってほかにないのかな？」と探し、たどり着いたのが、本体に貼りつけられるタイプのスマホ液晶クリーナーでした。

100枚ごとの小ロット対応も可能、予算より少々高めですが、常に持ち歩け、使えるグッズ。見つけたときに「これがいい。きっとお客様も喜んでくれる商品だ」と心躍るグッズでした。

1、2案目がクリーナーつきスマホ立て、3案目がオリジナル・スマホクロス、4案目がスマホ液晶クリーナーで見積りと仕様をお客様にメールで提出しました。すると即メールのレスポンスがありました。

文頭に書いた「最高じゃないですか！　これですよ、これ！」です。

◆集客できるグッズになることもある

心惹かれたグッズは4案目のスマホに貼りつけられるスマホ液晶クリーナー。展示会で配布すると「かわいい」「ちょうだい」と、とくに女性の来場者に人気となりました。キャラクターがサーフィンに乗ったり、オンラインミーティングをしたり、スキーをしたり、こたつの中にもぐったりと毎年、デザインを変え、注文が入ります。

展示会に立ち寄ってくれた顧客は、「今年はあのクリーナーないの？」と声をかけてくれ、グッズを集めている熱狂的なキャラクターのファンもいるそう。近々購入予定の製品がなくても立ち寄ってくれる、営業スタッフに話しかけてくれる、集客できるツールとなったのです。

できないと思っていたことを叶えてくれる人

今でもこのクリーナーはお客様の中で伝説のグッズとなっています。このグッズをきっかけに、このお客様からはこんな称号をもらいました。

「できないと思っていたことを叶えてくれる人」

お客様が欲しいものは、妄想上の商品で、できるかできないかわからない場合もあります。これ、という特定の商品である場合もあります。お客様の理想を聞き出し、実現可能な範囲で、できる限り要望を取り入れ、欲しいものを形にすることで、売上げをあげることができます。

4
ネットで見本をたくさん探す

たくさんの案を提案する

広告代理店の社員時代、デザイナーが社内にいたため、提案用にデザインを依頼することがありました。

提案用につくってもらったデザインがボツになったとしても、実質的に費用を支払わなくてもよいからと、気軽に制作を依頼していました。頭の中にイメージしているものをお客様に伝えるために、デザインの仮案をつくってもらっていたのです。

お客様とのデザインのすり合わせのために制作したものなので、デザインがボツになることは大いにありました。

時間をかけて、せっかくつくったのに、「なぜ提案が通らないのか」と、自己中心的な考えをしていました。提案をすると仕事をしているように思え、お客様の意向を考えずに

1案を提案していたのです。そんな進め方でしたから、採用されるデザインを提出することなんて無理だったのです。

◆ネット時代の提案術

現在、**最初の打合せに持っていくのは、ネットで見つけた何種類ものデザイン**です。時間をかけてつくったデザインを見せなくてもいいのです。

この方法であれば、いくつものデザインの中から、より良い案をセレクトでき、お互いの理解も深まります。さらに提案まで時間がかかることもなく、納品までスムーズに進行します。

◆プリントせずブックマークだけでOK

例えば、WEBサイトの制作では、初回打合せに持っていくものは、見本になりそうな何種類ものサイトをブラウザのブックマークに入れてリスト化したものです。

「WEBサイトの相談がしたい」と連絡があった際、どのような目的で、どんな内容を掲載したいかの確認をしておきます。もし、好きなサイトのデザインなどがあれば、そのサイトを教えてもらいます。

そのうえで、初回の打合せの際には、その会社用にピックアップしたサイトのブックマークリストをつくっておきます。デザイナーが制作したデザインでも、サイト制作の実績があるリストでもありません。世界中のサイトから、その会社との打合せの参考用に選んだブックマークリストです。

実践例

精密機械機器の製造会社から、新規のＷＥＢサイト制作の相談がありました。はじめてのことで、デザインのイメージなどはないとのことでした。その場合、デザインの方向性から決めていく必要があります。この打合せでピックアップしたサイトリストは次のようなものでした。

- きっちりかっちりしたイメージの「物流会社のサイト」
- 赤と黒でかっこよく、ゴシック体でまとまった「パイプ製造会社のサイト」
- 作業風景などの写真が多めで、楽しそうな雰囲気が伝わる「塗装会社のサイト」
- スタッフの写真と言葉が印象的なシンプルな白ベースの「土木会社のサイト」
- イラストがメインで明るく元気な雰囲気の「歯科医院のサイト」
- ダークなイメージでかっこよく、動きが多い「歯車の製造会社のサイト」

その他５種類程度

お客様が良いと思うデザインの方向性を引き出すことが目的です。

業種は問わず、見本となるような多種多様なリストを持っていきます。イメージや雰囲気が異なるWEBサイトを見てもらうことで、明確に「こんな感じのデザインがいい」というものが決まります。

◆様々なアイディアが湧き出る仕組みをつくる

サイトを見せるたびに「こんな実績紹介が載せられたら、営業に行くときタブレットに写真入れていかなくていいな」「こんな動画があれば採用によさそうだな」「ここみたいに画像が動いたらいいな」など、サイト制作時に入れ込んでいきたい要素をピックアップしてくれます。これをかき集めることで、サイトのデザインの方向性やどのような要素を入れたいのかが、明確になってきます。

この打合せ内容をもとに、はじめてデザイナーにデザインを起こしてもらいます。見本となるサイトは決まっているので方向性がブレません。「イメージと違うから最初からつくり直して」と全面変更となることはなく、無駄なデザインをいくつも提出しなくてもよくなるのです。

「WEBサイトをつくりたい」といっても、お客様によって目的が異なります。なぜつくりたいのか、なにをしたいのかを十分にヒアリングすることで、満足度の高い対応が可能です。

目的や方向性を探ることが第一

最終的には、参考資料を見ながら、デザインのすり合わせを行います。このように**目的をきちんとヒアリングし、進むべき方向をはっきりさせることが大切**です。制作目的がはっきりすることで方向性がぶれません。何度も修正を重ねなくてもよくなる手法です。

参考資料や見本を提出するのはデザインに限ったことではありません。展示会やイベントなどもまずはアイディアフラッシュとして、どこかが実施済みの事例を集めた参考資料をつくります。費用まで詰める必要はなく、方向性を決めるための資料です。

Column

異業種交流会や飲み会の参加はいらない

●名刺交換でつき合いが始まっても…

異業種交流会や飲み会で、名刺交換をして、そのあとメールで連絡を入れる――仕事ができる人のルーティーンともいえます。

その中からお客様として残った人はどれくらいいますか？

代理店勤務でありがちなのは、毎週ゴルフや夜の接待で疲れてしまって、プライベートの時間がないと嘆いている話。そもそも、行きたくないと思っていることに相手が気づかないのは表面上のつき合いといっていいでしょう。あなたのことなど考えてはいません。

こうしたつき合いをしないと仕事が来ないのであれば、お客様は自分を気持ちよくしてくれる人や会社とつき合っているだけです。勤めている会社が大手や有名企業であればあるほど、その看板が外れて個人になったあなたとはつき合ってくれないかもしれません。

副業でも起業でも大事なことは、「この人と一緒に仕事をしたい」と思ってもらえる個人の価値をつくりあげていくことです。

●定例の食事会で懐に入ろう

もし副業や起業で、「あなたに頼みたい」という状況をつくりたいなら、経営者と1対1の食事会がおすすめです。

大人数で行動しているときに真剣な込み入った話はしません。悩んでいることを相談したいと考えていても、他人に聞かれる状況では具体的な話にはならないでしょう。できるだけ「あなたに依頼したい」と思ってくれるファンとつき合うことが大切です。

独立を考えているなら、なおさら、まずは経営者と1対1の食事会に誘い、懐に入りましょう。

経営者との食事会であれば、1か月に一度の定例会だとしても、販促や経営相談の場となります。ここで会社では話せないような奥深い話ができると、相手がなにを欲しているかがわかります。なにをサポートすべきかもわかります。

ある定例の食事会で経営者に「取締役になってもらえませんか?」と言われたこともあります。経営をしていくうえで、いなくてはならない人と思ってくれたのです。

5 「メモの力」で知識の薄さを隠す

メモが最短で最強

仕事では、メモ魔のごとく、メモをします。

メモをするのは簡単ですが、知識の薄さを隠し、ひとり代理店として「できる人」にも見せることができます。

◆メモは不要な情報のないエッセンス

なにをメモするのか？

お客様との会話の中には販促に使える言葉が散りばめられています。**「できる人」に伝えるときも事細かにメモをしておけば、お互いの頭の中の共有も早くなり、短時間でお客様の納得いくものが仕上がります。**

「メモをしなくても、録音をすればいいのでは？」と思うかもしれませんが、音声を改めて聞くのは非常に時間がかかります。結論だけではなく、判断に迷っている話など不必要な内容も聞かなければなりません。役に立つ部分がある可能性も高いですが、打合せ内容をもう一度聞きなおすのは時間がかかるばかりです。

最短ルートで、納品というゴールにたどり着くために、不必要な情報を排除し、必要なことを的確に伝えられるのがメモです。

◆とりあえずメモをして話を進める

わからないことをわからないと、その場その場で言うことは大切です。言葉の受け取り方を取り違えてしまう可能性があるときは、腹落ちするまで質問し続けるべきです。しかし、用語や業界の知識がないためにわからないことはメモしておいて、あとで確認します。お客様の話を途切れさせないようにしましょう。

わからないことを質問してしまうことで「知識ないな〜、俺の話について来れていないな〜」と思われてしまったら、これ以上話してはくれないかもしれません。あとの話を聞けば、どういうことが言いたかったのかわかる場合もあるため、とりあえずメモし、話を進めることが重要です。

◆メモで見える化すると「できる人」と思われる

お客様が言っていたことをメモしただけで、広告代理店として認められたことがあります。細かくメモしただけで、初対面での評価が２００％あがったのです。

実践例

建築会社が建築資材メーカーのショールームではじめての展示会をするということで、紹介してもらったお客様がいました。

チラシをはじめてつくるお客様です。展示会の展示物やイベントの内容を聞かなければチラシをつくれません。まずはショールームの簡単な図面を書き、どこの場所でなにをするのか聞いていくことにしました。

「このあたりにキッチンの展示ですね」「ここに来店プレゼントを陳列ですね」「イベントはこのあたりですね」とお客様に聞いた通り、図面に引き出し線を書き、ここでなにをするのかをメモしていきました。

次に、Ｂ４サイズのチラシのどこに、なにを入れたいかを教えてもらいました。

「上の３分の２くらいに今説明した図面を入れて、その下に開催日時や連絡先を入れてよ」と言うので、言われた通り「図面」と開催日時・連絡先を入れる枠を書いてみました。ただただ、お客様の頭の中にあるものを聞いて、書いただけです。

そのメモを見て、「そうそう、これこれ」と急に大きな声になりました。お客様が言われたことを書いていただけなのに、もともとお客様の頭の中にあったものを書いただけなのに「やっぱり広告代理店は違うな〜」と拍手喝采です。

お客様の頭の中にあったものが、目の前に描かれて、感激となったのです。どこかぼんやりしていたものが目の前で描かれていくことで、ストンと腑に落ちたようでした。

◆メモはセンスも知識も能力もカバーしてくれる

聞いたことを書くだけ。机にノートを置いて、お客様にも見えるようにメモを書いていなかったら、この感激を与えることはできなかったでしょう。

お客様がイメージしていたことをメモするだけで、知識や能力、そしてセンスが発揮されて、このチラシのイメージができあがったのだと認識されたわけです。知識やセンスがなくても、仕事の手柄を立てることができてしまい、恐縮です。

初対面であっても、目の前でメモをとるという簡単なことで「この人に頼みたい」という存在になることができるのです。

メモは他人が見てわかるのがいい

実践例

画家のお客様と美術館での壁面展示の打合せをしていたとき、聞いた内容をノートに描いていると、「違う違う、こんな感じだよ」と描いた絵に上書きをして説明してくれました。

他人同士の頭の中はいくら言葉ですり合わせをしても相違していることがあるのです。お客様にも見える形でメモすることで、その場でその違いが解消し、仕事がスムーズに進みます。

◆わからないこともメモでフォロー

書いているメモをちらっとのぞき見しながら、「そうそう、ちゃんと理解している」「伝わっているね」と認識しながら話を進めてくれるお客様もいます。ほんとうは、書いた言葉の意味がわからず、あとから調べようと書いたメモを見て、そう思ってくれます。

打合せ後、そのメモを見ながら知っていそうな人に聞いたり、ネットで検索してもさっぱり意味がわからなかった場合にも、メモは威力を発揮します。

わからない言葉やその周辺で聞いた内容はメモに残っています。そのメモを見ながら、改めて「ここの話なのですが、もう少し詳しく教えてもらえませんか?」と話を深掘りするテイで聞くことだってできるのです。
メモしていた様子を見ているので、「聞いてなかったのか」とは思われず、快くもう一度、話をしてくれます。

こういうことがあるので、私はA5判のノートを使っています。お客様がイメージを伝えたいと感じたとき、図解で説明したいときなど、目の前に紙と鉛筆がある状態だと絵を描いてくれます。老若男女対応できるのが、手書きのノートです。

メモであなたの真剣度が伝わる

メモをしているだけで、「真剣に話を聞いてくれている」と思っていただけて、さらに多くの情報を提供してくれます。もちろん、実際に真剣に話を聞いていないとメモはできません。

どんどんメモしていき、ノートが真っ黒になっていき、次の空白ページを開きます。その行動が、話をしてくれるお客様の満足度につながるのです。

セミナー等では、受講者がしっかりメモをとっていることで、講師の解説にも力が入りますよね。実際に、私が3色ボールペンを使いながら重要なポイントにマークし、色を変えながらメモする様子を見て、真剣さや真面目さが講師に伝わったことがありました。

本来、こちらからご挨拶に行くところですが、休憩中に話しかけられ、メモをちらっと見られました。よくまとまっている、きっと真剣に仕事をしているのだろうと評価してもらったように感じました。

それをきっかけに、のちに講師の方から何人ものお客様を紹介していただきました。こちらからアプローチをしなくても紹介してくれたのです。真剣にメモをすることは、お客様を紹介してもらえるチャンスまで勝ち取れるのです。

足りない知識を補える

メモは知識の足りない部分を隠すこともできます。メモに、当日話したいことや、よく忘れがちな用語の意味などを書いておくことで、専門知識の薄さを隠せることもあります。

例えば、「直帰率」や「エンゲージメント」などの言葉が打合せで出てきそうだ、言葉の意味がわからない人がいれば、解説しなければならない場合があります。

こうしたときは、**社会人のカンニングペーパーとして事前にノートにメモしておきます。**できる人に事前に聞いたことや、ネットで調べたことはメモを見ていることがわからないくらいに、ゆっくり丁寧に伝えます。そうすることで、難しいことをわかりやすく伝えてくれる人だと認識してもらえます。

このカンニングメモがなければ、「え～っと、どう説明しよう…」といつもおどおどしてしまいます。社会人はカンニングをしてもいいから完璧に答えることで信頼を得て、仕事を依頼されるようにしましょう。

6 お客様の欲しいものをさらに磨く

意見に賛同して「＋α」を加える

個人事業主や中小企業の経営者など、いわゆるマーケティング担当者がいないところはとくに、経営者が欲しいといったものを、その通りにつくると、「その経営者さんの右腕」くらいのポジションになれます。

建前上は、「売れる販促ができる人を探している」ということにはなっていますが、自分がイメージしているものを実現してくれる人を探しているのです。「それ、いいですね」と賛同してくれて、つくりあげてほしいのです。

重要なのは、お客様がイメージされているものに「＋α」のエッセンスを入れることです。お客様が伝えてくれた「原石＝欲しいもの」を一緒に美しく磨いていくのです。

経営者は忙しい中、未来の店舗や会社のことを考えています。「欲しいもの」は変えず、足りないところを補い、よりよい販促ツールにするにはどうしたらよいかを一緒に考え、意見を出し合うことが磨く作業です。

実践例 ヨガ教室からの「ポスターをつくりたい」という要望

ヨガ教室の経営者が、知り合いのカフェのオーナーに「最近、新規の生徒が増えないのよね」と話したところ、「カフェの店内にポスターを掲出してもいいよ」と言ってくれたそうです。そこで、このポスター制作の依頼が来ました。

◆依頼された案の否定はしない

この場合は「ポスターをつくり、カフェに掲出する」という目的を達成したいので、これを肯定したうえで進めます。

たとえ、「店舗周辺にチラシをポスティングしたほうが他店で良い成果が出た」という実績があったとしても、このときは雑談程度にとどめておきましょう。この提案を推しすぎると、あなたは今回の仕事さえ受注できず、お客様は不満を感じてしまいます。

「店舗周辺にチラシをポスティングしたほうがたくさんの人に見てもらえますよ」といった、ポスター掲出を否定するような別提案は求めていないのです。

求められているのは、お客様がやりたいと思ったことを把握し、それを具現化することです。

◆お客様が考えていない部分をフォロー

カフェにポスターを掲出することは決まっていますが、どんなポスターのデザインがよいのか、ポスターサイズや枚数など、お客様がまだ考えていない部分について先回りし、フォローして全力で意見やアイディアを出していきます。決して、あなたの意見やアイディアを押し付けるのではなく、完成までの道のりをサポートします。

◆資料は常に先に送っておく

先回りし、フォローするといっても難しいことではありません。①デザイン、②サイズ、③枚数の3つを決めて進めるだけです。あとは希望の納期を確認して、納期に間に合うように進行管理をするだけです。

デザインがイメージできているお客様については、どんなポスターをつくりたいのか、聞き取りをします。イメージできていないお客様には打合せの前に、他のヨガ教室がつくったポスターを検索し、見本を集め、送っておきます。

見本は、シンプルなタイプ、情報をたくさん詰め込んだごちゃごちゃしたタイプなどバラエティ豊かにセレクトします。集めた見本一覧を打合せ前にお客様に送っておきます。

打合せまでにどんなものがよいか頭の中にイメージしてもらいます。

打合せでは、そのイメージを聞き取り、一緒に細かい部分を相談するだけです。この**見本一覧を送っておくだけで、「こちらから指示を出す前に提案してもらえるところがさすがです」と褒めていただけます。**

この見本一覧を見ながら、このポスターのような大きさで写真を入れて、こっちのポスターの緑色でキャッチコピーを入れて、店舗の情報はこのポスターくらいのサイズ感で入れてほしいといった具体的な打合せができます。

それを言われた通りにメモをして、デザイナーにつくってもらいます。あっという間にできてしまい、簡単でシンプルな作業となるのです。

㊦ 松竹梅の見積書を出す

見積りを提出するために、制作枚数を確認します。今回のポスター掲出場所はカフェ。店内に何枚も貼るわけにはいかないので、1枚だけ掲出する予定です。印刷は枚数が増えれば増えるほど安い金額となります。枚数が少ないと高額になるため、お客様が希望する1枚の見積りに加えて、5枚、10枚の見積りも提出します。

すると、1枚当たりの単価が安いほうがいいからと5枚や10枚で頼む人もいます。1枚だけの見積りを出すと「もう少し枚数が多くなったら単価が安くなるの？」と聞かれて何度も見積りの提出が必要になります。**松竹梅の3つの見積りを出し、お客様に選んでもらえる状況をつくりましょう。**

◆＋αであなたは「できる人」になる

このヨガ教室、ある時期から生徒さんが減り、気持ちが落ち込んでいるようでした。経営者は売上げと心が連動しているかのように波を打ち、売上げがさがれば、心の状態も下がっていく方も多いのです。

あんなにくよくよと落ち込んでいたのに、10枚の見積りを見て、1枚当たり単価が安くなるとわかり、「仲のいい別のお店にも貼ってもらおうかな」「あの店舗なら、通行人にたくさん見てもらえる」とワクワク、前向きな言葉に変わっていきました。

1枚より10枚、10枚より100枚と貼れば貼るほど、見てくれる人が多くなり、生徒が増えていくのです。1枚でも多くのポスターを、できればターゲットがいそうな場所に貼ってもらうことで集客が伸びます。当初言っていたカフェ以外に貼ったポスターに反響があると、1枚ではなく10枚の見積りをくれた「あなたのおかげ」となるのです。

言われたことだけではなく、＋αを加えることで、あなたの評価は「できる人」に変わるのです。

7

「できる人」に同行してもらうと人脈の広さが伝わる

わからないまま話を聞くのはＮＧ

あなたの後ろにはいつも各分野の専門家が控えていて、その窓口があなたであることをわかってもらえる状況をつくり、人脈の広さを伝えていきましょう。

◆本職でないとわからないことはプロに頼む

「ひとり代理店」は、お客様の業種や規模に制限されることなく、様々な仕事を請け負うことができます。ひとり代理店だから、個人のお客様、個人経営の店舗や中小企業しかお客様になってもらえないわけではありません。

ひとりで対応できない規模のお客様は、何人かの「できる人」とチームを組んで対応します。どんな規模の会社の仕事も請け負うことにより、お客様の信頼を得て、様々な業種、業界に進出できるのです。

ただ、WEBのプログラムのこと、特殊な映像のこと、技術的な質問の答えなど、いくら事前に準備していても、本職のプロにはかないません。周到に準備して対応するのも1つの方法ですが、どうしても難しいときもあります。そんなときは、できる専門家（プロフェッショナル）に同行してもらいましょう。

専門家がいると話が広がる

例えば、建物の3D撮影。受注前に建物が3D撮影できるかの最終チェックと経営者からの質問がありそうな打合せが入りました。何度も何度もカメラマンに撮影の仕組みや段取りなどの説明を受けていたのですが、十分に理解ができていません。

建物の3D撮影は専用のカメラで空間を撮影し、VRなどでその空間に入り、歩き回れるようにする仕組みです。実際に撮影風景を見たこともなく、どのような仕組みで撮影から3D空間が生成されていくのかまったくわかりませんでした。お客様になにを質問されるか不安で、ドキドキがとまりません。

ひとりで打合せに行き、「それはカメラマンに聞いてみますね」「確認してご連絡します」と繰り返すのでは、お客様も不安に感じます。打合せがなかなか進まず、発注を躊躇してしまいます。

こんなときは、3D撮影をしてもらうプロカメラマンに同行してもらえばいいのです。その道のプロにとっては、お客様からどんな質問がきても朝飯前です。すぐに答えられるためスムーズに打合せが進みます。

できる人にいつも頼んでいて、あなたが実質的には作業していないことを隠す必要はありません。同行することで、プロの返答を目の前で体感でき、学びの場にもなります。

◆できることがわかるとビジネスが広がる

同行してもらうことで、新たなビジネスチャンスや追加の受注を得ることもできます。「こんなこともできるのだったらやりたい」「こんなこともできますよ」と会話が弾み、追加の注文が増えるよい機会となります。

当初、見積りを出していたのはお客様から要望があった建物の3D撮影だけでした。しかしプロが同行することにより、「こういうことも組み込めますか?」という質問が飛び、即返事をすることで想像が広がります。

動画の撮影や編集の対応、可能であればやってみたいと考えていたWEBサイトに埋め込む動画の書き出し、YouTubeへの建物見学ツアーのアップロードなどが追加受注になりました。

お客様もせっかくの機会なので、できたらいいなと思うことについて質問攻めにすることも多いです。プロに直接聞けることで、気持ちよく依頼することができるのです。

◆人脈の広さをアピールできる

広く浅い知識しかないひとり代理店ですが、こういうときにプロを連れて行くことで、人脈の広さを再確認してもらえます。この人のうしろにはプロがたくさんいるということを垣間見ることができ、ますます相談してくれるようになります。

それぞれのプロに仕事を依頼していることを恥ずかしがることなく、堂々と同行してもらえばいいのです。プロは提案できる量や実績が異なります。同行してもらうことで、仕事が増え、お客様が満足する成果物が納品できるのです。

8

トラブルのときこそ信頼が増す

最悪の事態のときどうするかを共有しておく

「ひとり代理店」は、お客様のニーズを理解し、満足してもらうことが大事です。希望通りの納期に納品する進行管理を行い、常に最善を尽くします。

でも、どんなに細やか丁寧に対応していても、時にはトラブルや問題が発生します。そうした事態に備えて、お客様と情報の共有・相談をしておきましょう。

事態に応じた発想豊かな対応案をいくつも準備しておくことで、どんなトラブルも最小限で食い止めることができます。

◆対応策の「共有」は守り神になる

仕事における師匠から「最悪な事態を想定していれば怖いものはない」という教えを学びました。この学びを進化させたのが、その最悪の事態が起こったときにどのように対応するかを考え、お客様と共有・相談しておくことです。

副業や起業をして、とくにひとりだと、どんなトラブルが起こったとしても、あなたがすべての窓口となり、対応する必要があります。

最悪の事態への対策を考えておけば、それが守り神のようにどっしり構えてくれているので、安心して対応できるようになります。焦らず対処できるのです。

未然に防げるトラブルならまだしも、天候による発送遅延や印刷ミスなど、いくらトラブルに対して布石を打っていたとしても起こることがあります。お客様と状況の共有や相談を怠らず、コミュニケーションをとることで信頼関係がより強固なものとなります。

実践例

よくあるのが天候による発送遅延です。台風、大雨、雪などによって配送が阻まれます。

以前、社名が変わるのに、封筒をつくり直すのを忘れていたお客様から超特急で訂正シールの注文を受けました。訂正シールは裏面がグレーで、既存の封筒に印刷してある文字が透けないシールです。

近隣のシール印刷会社では1週間ほど納期がかかります。そこで、データを渡した次の日に出荷してくれる遠方の印刷会社に依頼したのです。そんなときに限って、印刷会社のある地域は大雪になりました。

「出荷しました」という連絡はもらいましたが、一向に運送会社のサイトに伝票番号が出てきません。印刷会社に確認すると、運送会社に荷物は渡しているけれど、大雪により、その営業所自体が現在閉鎖中とのこと。運送会社に問い合わせても再開のめどは立っていません。

今できることを考える

今回の最悪の事態は「届かない。間に合わない」です。大雪のため、車を走らせ、取りに行くこともできません。まさに最悪の事態です。それを「間に合いません」と諦めるのではなく、お客様が困らないようにするには、今なにができるかを考えます。

こういう事態が予測されたので、ご依頼いただいた会社には事前に、近隣では納期に間に合う印刷会社がないので遠方で印刷すること、天気予報で近々雪が降るかもという予報が出ていること、といった情報を共有していました。

結果としてはシールは届かず、最悪の事態となりました。この状況を共有し、訂正シールが到着するまでの数日間で使う封筒の量を算出してもらいました。

シールが200枚あれば、1週間はもつと聞き、インクジェットプリンターで印刷し、納品することにしたのです。家電量販店に無地のシール用紙を買いに行き、自宅のプリンターで出力しました。出力したものを丁寧にカッターでカットし、200枚の製作完了。お客様のところへ納品に行きました。

◆全力での解決が信頼になる

お客様は、天候なので仕方がないと頭ではわかってはいますが、口数が少なくなっていました。自然には逆らえないとわかっていても落ち込んでしまいます。

製作したシールを届けると、すぐにシールを取り出し、試しに封筒に貼りつけてくれました。貼った瞬間に「これで対応できる」とぱっと笑顔になりました。安堵した様子で、何度も何度も感謝の言葉を言ってくれました。

この件があってから、毎回細かく打合せに行かなくとも任されるようになりました。トラブルのときこそ信頼が増す。それが体感できた出来事でした。

できることをすべて行って経過を伝える

このように解決できることであれば、まだよいのかもしれません。たまに起こるトラブルとしては、WEBサイトのドメイン料をお客様が払っていないケースがあります。私がドメインの契約に関わっていない場合でも、ＷＥＢサイトを制作しているため電話がかかってきます。「朝からメールが使えなくなって、ＷＥＢサイトも表示されない」とＳＯＳの連絡です。ドメイン料とは、「https://xxxx.com」といったＵＲＬの使用料です。

◆最終的に解決できなくても信頼感は増す

とりあえず、サーバーの管理者に連絡をして状況を確認。お客様が支払いを忘れていたとのことでした。とにかく早く支払いをしてもらわなければなりません。「支払ってくださいというメールが届いていませんか？」と確認すると、「これね、よくわからないから無視していたよ」との返事。支払ったからといって、すぐに復旧されるわけではありません。数日かかります。

その間、なにかできることはないかと各所に相談しながら対応しようとしたものの、なにもできることはありませんでした。

こうした場合、**120％の対応をしたうえで現在の状況です、ときちんと報告しましょう。対応した内容や問い合わせた内容をすべて書き出し、お客様に報告をします。**

これだけやってくれたけれど、だめだったという想いだけでも残せれば、「よくやってくれた」という評価につながります。ピンチはチャンスだと考え、どんな問題にも全力で挑むことが、次の仕事につながります。

9 プロに気持ちよく仕事をしてもらう

スケジュールは常に確認

どんなプロにも得意・不得意があります。

ある仕事のプロフェッショナルであっても、あらゆるスキルや作業において、同じ能力を発揮できるわけではありません。みんな違うから様々な面白いものができるのです。

例えば、動画編集者がいつも迅速に編集してくれるからといって、どんな種類の動画でも、同じスピードで編集できるわけではありません。

動画編集者が好きな車の編集であれば知識もあるため、いつも以上に早く納品できるでしょう。しかし、興味のない化粧品の動画編集が来たときは、理解するまでに時間がかかり、ターゲットに向けた編集の仕方を模索し、時間がかかってしまう場合があります。

同様に、デザイナーも得意・不得意があります。ある人は、アンティークなデザインや、イラストを使用するクールなパンフレットのデザインは得意でサクサク仕事が進みます。しかし、激安セールのようなチラシデザインは得意ではなく、どうしても時間がかかってしまいます。

◆プロにスケジュールを任せるメリット

これくらいの仕事ならいつも1週間で仕上げてくれるから、「この仕事、1週間後に1回目のデザイン提出はどうですか？」と聞いてしまうと、その日程では苦しいと思いながら、ぐっとこらえて「はい、わかりました」と了承してくれているかもしれません。

もしかすると、不得意な仕事なので調査をする時間をとって対応したいのに、子どもの参観日が入っており、1日お休みしたいから、その納期では難しいと感じているかもしれません。

「大人だから」「仕事だから」と口に出せない無理をさせてしまっていると、「いつも無理を言ってくる人」になってしまい、関係性が壊れていきます。

このようにプロにも得意・不得意があることを理解し、柔軟なスケジュールを組むことで、お互いにメリットがあります。例えば、9月1日にプロに仕事を依頼し、9月30日が納品希望日だったとします。

その場合、納品希望日に間に合えばよいので、途中のスケジュールはプロにおまかせすることで、お互い気持ちよく仕事を進めることができます。

はじめてのデザイン提出がいつできるのか？　本日提出した修正はいつまでに直せそうか、などをプロに設定してもらうことで、無理のないスケジュールで進めることができます。これにより、プロのスキルを最大限に発揮し、クオリティの高い納品物を提供でき、最終的には納品日よりも早く仕上がることもあります。

スケジュール共有はお客様もプロもメリットがある

プロに提示されたスケジュールは、お客様と共有します。

基本的に、お客様は納品日に間に合えばよいというスタンスです。途中のスケジュールを先に伝えておくことで、「あのデザイン、いつになるの？」と問い合わせをしなくてすみ、お客様の負担を減らすことができます。

◆ひとり代理店は「できる人」も大事にすべし

もし、お客様が提示している納期が短く、難しそうな場合、なぜその納期なのか、理由を事前に確認しておきます。この場合は、制作をするプロにスケジュール確認をする旨を伝え、相談したうえで再度スケジュールを調整します。

逆にお客様が提示してくれた納期は余裕があるにもかかわらず、プロの日程が確保できない場合があります。

その場合は、無理のない日程で納品日を設定するのであれば、いつになるのかを確認します。理由も確認しておけば、お客様と交渉するときに事情を話すこともできます。

お客様が指定された納品日も大切ですが、直接お客様と話すことができないプロの代わりに交渉するようにします。**納品日を決める際、お客様側からの要望を受け入れるだけではなく、プロの要望を聞き入れることも大切**なのです。

プロの得意な分野を依頼する

お客様との納期調整が可能な場合は、仕事の融通をきいて進めることで、なにかあったときはどうにかしてくれる人、という信頼感が生まれます。プロが仕事に集中でき、ストレスなく全力を尽くすことができます。仕事を依頼している人ではありますが、時にはマネージャー的な立場でお客様と交渉し、より働きやすい環境をつくることも大切です。

スケジュール調整以外にも、プロの苦手なことを聞き出し、その仕事は別の人に頼むことで円滑に進みます。

プロといえど苦手なことはできればしたくない、手をつけるのが後回しになってしまうことはありがちです。よりスムーズに、ストレスなく仕事をしてもらうためには、なるべく得意な部分に注力してもらえる仕事の振り方を考えましょう。

◆苦手な部分はこちらで手配

例えば、12ページほどの冊子をつくるとき、デザインはすいすい進むけれど、文字を打つのが苦手なデザイナーがいました。この場合、文字はあなたが入力してデザイナーに渡すことにより、気持ちよく仕事ができる環境がつくれます。

WEBサイトを制作する場合も、通常のサイト制作は得意でも、システム構築が伴うサイトだとなかなかスピードが出ないコーダーがいました。この場合はシステムの部分だけは引き取り、システム開発の部分は他のシステムエンジニアに依頼し、各人につくってもらったものを最後に1つにまとめれば、目的の納品物は完成します。

プロが得意なところだけに注目するのではなく、苦手なところにも注目し、気持ちよく仕事をするためにはどうしたらよいかを一緒に考えることによって、良いものが納品できます。プロのサポートをすることで得意分野をより引き出し、苦手を補う。そんなチームになれれば、最強なチームをつくりあげることができます。

第5章

定期的に依頼がある「おいしい仕事」で売上げを安定させる

1 なにもしなくても売上げがあがる仕組みのつくり方

「代理店的サブスクモデル」をつくり出そう

ひとりで仕事をしていて不安になること。それは収入面です。会社に所属していれば、育児休暇や介護休暇などをとったとしても雇用保険から給付金が支給されます。しかし、独立して起業してしまえば、働かなければ収入がありません。

個人経営の店舗や中小企業は毎月販促を行うわけではありませんから、毎月販促の仕事を受注するのは難しいところです。かといって、新規顧客を獲得するために、毎月異業種交流会へ行き、セミナーで知り合いをつくり、絶え間なく努力をし続けなければならないなんてつらすぎます。

◆毎年の売上げがあがるモデルをつくれる

起業でも副業でも、売上げ0円ということだけは回避したいところです。

実は、**「ひとり代理店」には一度受注をすれば、お客様が「やめます」と言うまで請求書を送るだけで永続的に売上げがあがる秘策があります。**

毎年、売上げを得られる「代理店的サブスクモデル（サブスクリプションモデル）」です。

サブスクモデルとは、一度契約をしてしまえば一定のサービスを提供している間、月単位や年単位で費用が発生するビジネスモデルのことです。

アマゾンのプライムビデオやネットフリックスのような動画配信モデル、アップルミュージックなどの音楽配信モデル等があります。広くとらえれば、アパート経営やマンションの賃貸、ガス代・電気代・携帯電話代なども、この一種といえます。

一般的には初期投資をしてサービスを構築しなければ、毎月・毎年請求する側にはなれません。アパート・マンション経営などの大家業も0円からスタートすることはできず、必ず初期投資・先行投資が必要です。成功するかしないかのチャレンジをしなければならないのです。

初期投資はゼロ円

ひとり代理店のサブスクモデルは、0円でスタートできます。

お客様から要望があった時点で、提供できるかどうかを確認し、契約するだけなので、先行投資は必要ないのです。受注が決定してから、サービスの準備をするだけです。

実践例

例えば、わかりやすい例としては、バスの広告があります。

車体に広告が描かれたラッピングバス、ドアや窓に貼ってあるステッカー状の広告、座席頭上に貼られたポスター、車内で流れるアナウンス放送などが該当します。

バス会社が広告枠を準備してくれており、空き枠を確認して手数料を上乗せして提供するだけです。

◆提供するのは様々な広告のプラットフォーム

バス車内で、

「次の停車は○○団地入口です。K病院へ行くにはこちらが便利です」

といったアナウンスを聞いたことはありませんか？

これはバス会社が乗車した方への親切心で、「K病院に行くにはここで下車したほうがいいですよ」と教えてくれているのではありません。病院が有料でアナウンス広告を出し、この場所に病院があることを周知するために流しています。

バスのアナウンス広告は、どのバス停留所で流したいかによって料金が異なります。路線の数や運行本数が関係し、どれくらいの人が聞いてくれるかによって料金が設定されています。地域によって異なりますが、バス停留所によっては、月額1万円ほどで流せます。

病院は医療法における病院等の広告規制があり、このような広告しか出すことができません。通常の店舗や会社のような販促がしたくても制限されています。病院の関係者に知り合いができたら、バスに乗車するなどしてアナウンス広告を確認しましょう。

アナウンスが流れていなければ「バスの停留所でアナウンス流れなかったですね」と伝えてみましょう。病院の担当者も一般の人です。停留所でのアナウンスが広告とは思っていない場合もあります。販促がしたくてもできない状況と患者さんにも有益であるものだと感じて契約が進む可能性が高まります。

こうした広告は1年契約が一般的です。しかし、一度アナウンス広告を流し始めたら、継続率はほぼ100%。毎年請求書を送るだけで売上げを獲得できます。多くの人の乗り降りがある停留所では、料金が年数百万円の停留所もあります。

⬇毎年「2万4000円／件」の利益に

例えば、アナウンス広告が月額1万円で流せるバス停留所だった場合、

売上げ：月額1万円×12か月＝12万円／年

利益：毎年2万4000円　※販売手数料20％の場合　になります。

◆ずっと掲載される広告が狙い目

このように、ひとり代理店のサブスクモデルは、店舗やサービス、企業の周知などのブランディングが主な内容です。瞬発力のある販促というより、ボディブローのように効いていくものです。折込チラシのように、チラシを配布したのに1人も来店してくれなかったとクレームを言われることもありません。

いつも見ている番組の提供として流れるテレビ・ラジオのCM、新聞記事の間に入っている小さな新聞広告、映画を観に行くと上映の前に必ず流れる映画館でのCMなどが、ひとり代理店のサブスクモデルとなり得る仕事となります。

このような契約をいくつか持っておくことで、毎年必ず収入があります。一度契約してしまえば、請求書を送るだけ。入院しても、海外旅行に行っていても収入がある仕組みがつくれるのです。

2

年間の契約を代わりに申し込む

サブスク契約の代行で利益を出す

現代には多くのサブスクが存在します。提供側になるためには初期投資や先行投資が必要ですが、それが必要のない「サブスク便乗モデル」が存在します。すでに無形物のサービスとして、**毎月・毎年の費用を支払わなければならないサブスクの契約を代行するモデル**です。

このモデルで、ひとり代理店がお客様としているのは、店舗や企業などです。サブスクは一般的にWEBで申込みをし、自動更新するにはクレジットカードを登録します。WEBで申込みをしなければならないものの、法人でクレジットカードを持っていない人や法人でサブスク契約することに不安を感じている人もいます。

◆面倒な作業とメンテナンスを代行する

クレジットカードがあったとしても、人によってはＷＥＢ申込みというだけで、契約手順が難しいと思い込み、気が進まない人もいます。

あなたが簡単にできることでも、すべてのお客様が簡単にできるとは限りません。そうした場合に、代わりに契約をして、そのサービスに手数料を上乗せして請求するのがサブスク便乗モデルです。

例えば、ＷＥＢサイトをつくったときに、プログラムしたデータ等を入れておくサーバーの契約である「ホスティング」（レンタルサーバー）、独自のＵＲＬを使用するための「ドメイン取得」の契約がこれにあたります。

これらは指定したＵＲＬから手順通りに契約を進めていけば、５分もかからず完了します。しかし慣れていれば５分ですが、お客様は苦手に感じ、なかなか契約が進みません。

◆「請求書払い」にできるメリットを伝える

クレジットカードを登録し、自動更新にしておかないとＷＥＢサイトや毎日使っているメールが使用できなくなるなど、仕事に大きな支障を与えます。この契約のためだけに、法人用のクレジットカードをつくってもらうのは手間です。

「サーバー契約するのにクレジットカードがあったほうがいいのか」

「会社のクレジットカード決済にするのは経理的に面倒だな」
という声があれば、すかさず、
「代わりに契約しましょうか？」と伝えましょう。

「代わりに契約するとなれば、多少の手数料はいただきますが、いつも通りの請求書での支払いにできますよ」と、請求書払いができるメリットを伝えます。クレジットカードをつくる必要も、経理に定期的にクレジットカードへの請求があることの説明もしなくてよくなります。
「いつも通り」経理に請求書をまわすだけで決済できるので、多少の手数料がかかったとしても「いつも通り」を選択する方も多いのです。

WEBサイトにつきものの、ホスティング契約とドメイン申し込みは、サブスク便乗モデルのチャンス。手数料をオンして、1年に一度請求書を送るだけの仕組みづくりをしましょう。そのほかにもWEBサイトで使用するアプリやシステムも同様の仕組みが使えます。

このようにWEBサイトのホスティング契約とドメイン使用料の契約を代行して、費用を毎年請求していると、「WEBサイトの担当はこの人」という認識になっていきます。
そのため、WEBサイト関連の相談は必ず連絡が来るようになり、新たな仕事をいただけるきっかけになります。

実践例

更新サービスもサブスクの狙い目

◆レクチャーから契約に

例えば、自社WEBサイトのニュース記事やイベント情報の更新です。WEBサイトに記事を更新する仕組みを搭載し、納品時にマニュアルを渡して使い方のレクチャーを行っています。

レクチャーしたのに、ニュースやイベント情報の更新があまり行われていないようであれば、「更新内容をLINEで送ってくれたら、こちらで更新作業をいたしますよ」と伝えましょう。

◆作業を頼めないと思い込んでいることも

事務作業が苦手なお客様や文章を書くことに苦手意識を持っているお客様なら、「お願いしたい」と返事がもらえます。

マニュアルをもらって、レクチャーを受けたサイトの更新をあなたに頼めるなんて思っていなかったはずです。お客様が勝手に、「お願いできない」と思い込んでいるサービスを提供することも仕事を増やす秘訣です。

お客様「えっ、WEBサイトのイベント情報のアップって頼めるの？」
あなた「はい、定期的に更新するって大変ですよね。私のお客様でも文章を書くのが苦手な方や毎週末イベントがある方などは、ニュースの更新をさせてもらっていますよ」

お客様が悩みを話してきた場合、まずお客様に共感します。
「たしかにイベント情報のサイト更新は、けっこう大変ですよね」と訴えます。そのあと、大変だと思っているのはお客様だけではなく、あのお客様もこんなお客様も同じように大変だと思っていて、更新を依頼している人が大勢いることを伝えます。

さらに、どんな更新を頼んでいるのか、頼む理由や頻度といった事例も紹介をします。

◆月額契約がおすすめ

より具体的になっていくことで、どれくらいの費用がかかるのか聞きたくなっていきます。このお客様にとって、ニュースやイベントなど毎月必ず更新するコンテンツがあるのであれば、毎月1万円といったような月額契約をおすすめしましょう。

「では毎月更新、お願いしようかな」と、毎月の請求ができる仕事が確定します。

月額契約をしない場合は、1回更新するごとに金額の確認をし、了承を得てから作業に入らなければなりません。月額契約をすることで、このタスクを1つ減らすことができます。

また、更新のたびに費用を決めていた場合は「このニュース、費用をかけてまでアップしなくてもいいかも」とお客様からの依頼が減り、更新頻度が下がってしまうことも考えられます。

ニュースやイベントの更新が多い月も少ない月も一定の費用が発生するとなれば、たくさんの更新をすればオトクだと感じます。

更新頻度が高まれば、検索サイトで検索したときに上位表示されるSEO対策にも有効となります。そうなれば、WEBサイトへのアクセスが増え、お客様の売上げがあがっていくのです。

マニュアルもあり、お客様でもできる内容なので、あなたにもできる簡単なことです。でも、この仕事をお客様から引き取ることで、「ニュースの更新をしなければ」というお客様の肩の荷を下ろすことができます。

お客様とのコミュニケーションも増え、店舗や会社のことをなんでも知っている人になり、さらに信頼を獲得できます。

◆メニューを増やして売上げを増やす

ニュースやイベントの更新だけではなく、商品登録やブログ代行、インスタグラム投稿など、「毎月スケジュールを組んで更新しますよ」と伝えるだけで、毎月の売上げを獲得できる仕組みを増やしていくことができます。

お客様とひとり代理店がタッグを組むことで、販促を自動的に推進することができるわけです。定期的に更新される仕組みができ、お客様にとっては間接的に、あなたにとっては直接的に売上げがあがる仕組みを確立できることになります。

3

消耗品の仕事を請け負う

消耗品は継続的に発注が来る

毎月・毎年というようにサイクルが決まって売上げがある仕事ばかりが「おいしい仕事」ではありません。お客様からの注文を待つ商品の中にも、継続的に注文のある「おいしい仕事」があります。

ここでいう「おいしい仕事」とは、ひとり代理店が印刷会社や仕入先にメールで注文するだけで、お客様に商品が納品され、売上げが計上される消耗品の注文のことです。

◆あらゆるビジネスに存在する「専用の消耗品」

消耗品といっても、どこでも購入できるものではありません。お客様と一緒につくりあげた、どこにも売っていないお客様専用の消耗品です。あなたにしか発注できません。

このような消耗品は、規模は関係なく、個人経営の店舗、工場、病院など、あらゆる業種に存在します。

飲食店であれば、ポイントカード、アンケート用紙、注文用紙、箸袋、紙製のコースターなど。食品製造会社であれば、ジャムのラベル、レトルトカレーの箱、包装紙、オリジナルロゴの入った段ボール箱、食べ方の説明用紙など。工場であれば、封筒、複写式の作業指示書、検査シール、ユニフォームなどがあります。

実践例

簡単な消耗品でいうと、名入れをした商品もこれにあたります。工場の社員が制服として着用する会社名の入った会社専用のポロシャツ。ポロシャツ自体はどこでも販売している既製品です。既製品に会社のロゴと社名の刺繍を入れ、納品します。

会社のロゴと社名は、お客様とサイズやデザインを打ち合わせ、決定したデータを刺繍会社に渡すという工程のもとに成り立っています。

他社に依頼しようと思うと、お客様はこの一連の工程を再度行う必要があります。そのため、「ポロシャツ、Lサイズ3枚お願いします」とメールを出すだけで注文が完了する、あなたのところへ継続した注文が入ります。

注文が入れば、仕入先に「○○工場（お客様）のポロシャツのLサイズ3枚お願いします」とメールを送るだけです。

あなたの名前でお客様先に直送してもらうため、商品を梱包し、発送する必要はありません。あなたの仕事は、①仕入先へ注文する、②お客様に納期を伝える、③請求書を送る。この3ステップのみです。

制服であるポロシャツは、新入社員の入社のタイミングや着つぶしてしまったときにリピート注文があります。継続して売上げがあがる商品だと考え、全力で仕事を受注しましょう。

実践例

デザインが関わる印刷物も同様に、「おいしい仕事」です。例えば、病院の診察券。毎回の注文ごとにデザインを変更しようと思えばできるでしょうが、定番で使用しているため、変えることを嫌います。印刷内容や仕様などの変更は、ほとんどありません。

オモテ面には名前の記入欄や病院名などを入れ、ウラ面には診療時間を入れるなど、他の病院とは異なる、その病院オリジナルのデザインです。

診察券の用紙についても厚みや種類を相談し、角は丸にカットするなどの工程を経て、

「いつもの診察券」をつくりあげています。

そのため、病院のスタッフも診察券がなくなれば、「いつもの診察券、お願い」と簡単な注文の連絡ができます。あなたは印刷会社に「○○病院の診察券、いつもの枚数でお願いします」とメールを送るだけです。

◆あなたに頼むしかない商品をつくり出す

デザインも仕様も変更がないので、デザイナーに指示をする必要も、デザインデータを再度送るといった作業も必要ありません。注文数が変わることもほとんどありません。印刷会社に納期を確認し、お客様へ伝えれば、あとは請求書を出すだけです。

実践例

観光地にあるレストランがお土産として販売するレトルトカレーの箱は、箱の厚みや開け方の形状など、食品メーカーによってそれぞれ仕様が異なります。

お客様の希望に合った箱をつくるには、1枚の紙を箱の形にカットする必要があり、そのレストランのレトルトカレーの箱専用の刃型が必要となります。

大きな紙にカレーのデザインを印刷し、切り抜くための高額な抜型です。そのため再度抜型をつくらない限り発注先を変えることができないため、あなたに頼むしかなくなります。

◆メールのやり取りだけで売上げになる

こうしたそれぞれのお客様専用の消耗品を担うことで、簡単なメールのやり取りのみで売上げを増やす仕組みができます。仮に競合他社が金額面で優位に立ったとしても、乗り換えるには労力と出費が必要で、簡単にはいきません。「いつもの、お願い」のラクさが勝ってしまいます。

店舗や企業が営業をしていくうえで日常的に使用する消耗品は、タイミングは不定期ですが需要が安定し、確実に利益をもたらしてくれます。

保管場所がないからと少ない数を数か月おきに注文していただくお客様、一度にたくさんの数を注文し、数年ごとに再注文いただくお客様もいます。気長に「いつもの、お願い」の注文を待ちましょう。これに対応するだけで、継続的な収益を確保できるのです。

⊕「私の仕事」と認識してもらう

このような注文をしてもらうためには、ポロシャツなどの制服も診察券、パッケージなども「私の仕事だ」とお客様に認識してもらう必要があります。**新しい事例ができれば、**

売り込むのではなく、雑談として、「こんなものをつくった」「こんな仕事を請けた」ということを話しましょう。

もし見せられるのであれば、「こんなポロシャツ、つくらせてもらいました」「こんなデザインをさせてもらいました」と写真を見せることも効果的です。

◆頭のスミに記憶してもらう

レトルトカレーなど試食してもらえるものであれば、別のお客様のところに持参して、「お客様がつくられたレトルトカレー、食べて感想を教えてくれませんか?」と商品をプレゼントしましょう。

こうすることで、レトルトカレー販売のお客様にはおいしさや商品の印象などのフィードバックができます。プレゼントしたお客様には「このパッケージをつくらせてもらいました」と伝えておけば、今すぐには依頼がないお客様も、「こんな仕事もできるのか」「こんなデザインもできるのか」と頭の片隅に記憶してくれます。

パッケージ制作ができる人を探している知り合いがいれば、声をかけてくれるようになります。

リピートのある「おいしい仕事」は雑談の中にどんどん入れ込んでいきましょう。オリジナルの消耗品は簡単に他社に乗り換えられない、囲い込みのできる商品となります。営業しなくても自動受注ができるため、売上げを安定させることができ、ラクに利益を確保できます。

お客様に関係があることないことも含め、実際に行ったお仕事を雑談として話しているだけで、どんな仕事でもやったことがあるかもしれない、と思ってもらえるようになります。

事例としてお話ししていないことも「頼めるだろう」と、様々な仕事が舞い込んでくるようになるのです。

4

一度の契約で毎年10万円の売上げになる「誘導看板」

「道案内の看板」は大きな売上げになる

ここまで述べてきた、一度契約をスタートさせれば請求書の発行がメインとなる、まさに「おいしい仕事」の典型的な例が、「看板の契約」です。

看板はサイズが大きくなればなるほど、製作費もグンとあがります。そして一度掲出してしまえば、看板の内容やデザインを変えることはほとんどありません。一般的に契約も1年更新。1年に一度、忘れずに請求書を出せば、売上げが確定するのです。

◆道案内をする看板は効果がわかりやすい

看板には、「広告のための看板」と「道案内をするための看板」があります。このうち、**優先的に契約をとりたいのは「道案内をするための看板」**です。

セブン‐イレブンの前にある「この先100m　ローソン○○店」といった看板や、大通り沿いに立つ「この先右折　○○病院」といった看板を目にしたことはありませんか？いずれもドライバーや通行人にお店や病院の「道案内をするための看板」（誘導看板）です。

もし、セブン-イレブンの前にローソンの看板がなければ、通りすがりの人は100m先にローソンがあるとは知らず、目の前のセブン-イレブンに入ってしまいます。

誘導看板があることで、ローソン派の人は100m先のローソンに向かうでしょう。こうなるとローソンのオーナーは、その看板がなくなると売上げが落ちるかもしれないと思い、看板撤去ができなくなります。

病院の誘導看板も同様です。通院している患者さんは、大通りからどこを曲がれば病院にたどり着くのか、看板を目印にしていることも多いものです。

「あの看板があるから、いつも迷わないわ」など、患者さんの感謝の声を聞き、目的を果たしていると感じることができます。初めて来院する患者さんにとっても親切な看板になります。すると役割を果たしている誘導看板を撤去しようという気持ちにはなりません。

なぜ誘導看板のほうがいいのか

また「広告のための看板」と「道案内をするための看板」は、契約までの難易度にも違いがあります。

誘導看板は誘導するという目的が明確なため、店舗や会社などの近くで、道に迷いそうな曲がり角などに設置します。そのため、ある程度設置場所は決まってきます。その中からどこに設置するのがよいかを検討するだけです。

◆PR看板は効果がわかりにくい

それに対して「広告のための看板」は、店舗や企業、商品やサービスをPRする目的です。

エリアは日本中、はたまた世界中に広がります。その場所を選定するために、時間をかけてマーケティング調査をする必要があります。通行人の数やターゲットがどこにいるのかまで調査し、最適な場所を選定します。

そこまでやっても、誘導看板と違い、お客様から「あそこに看板あったね」といった声を聞くことは、ほとんどありません。

PR用なのでサイズも大きく、時間も製作費もかかっていますが、効果があるかないかの判断が難しい。反響がわからないため、「あの看板、あまり効果がなさそうなので撤去しよう」と判断されてしまう可能性が高いのです。

◆看板の料金は自由度が高い

誘導看板は、小さいものだと毎年10万円ほどの看板掲出料で設置可能です。この10万円の金額設定ですが、看板の掲出料は比較対象がないため自由に金額を設定することができます。

例えば、車1台分の駐車場は場所が変わっても、サイズはほぼ変わりません。もし、隣の区画にある駐車場が半額であれば、安いほうを選ぶでしょう。

しかし、誘導看板は場所がある程度限定されるため、隣の区画がいくら安くても看板を設置する場所を隣の区画にするわけにはいきません。また、掲出する看板サイズが固定されていないため、サイズが違えば金額が変わって当たり前です。金額の比較対象がないと言っても過言ではありません。

毎年10万円の掲出料の誘導看板の契約が10件あれば、年10万円×10契約＝１００万円となり、請求書を送るだけで年間１００万円の売上げとなります。

どんな会社におすすめする？

競合他社が近隣にある店舗や、大通りに面しておらず、わかりにくい場所にある店舗や会社に誘導看板をおすすめしましょう。

一般的に契約は1年単位で行い、一度設置してしまうと手放せなくなる、「サブスクモデル」です。ほとんどのお客様が更新を希望するため、長く契約が続き、経営の基盤となる売上げとなります。

広告代理店の仕事というと、折込チラシやテレビCMなどで大きくキャンペーンを展開し、新しい企画を考え、提案をし続けることのように思いがちです。

しかし、ひとり代理店では、このような基盤となる売上げをいかに獲得して売上げを安定させるか、仕事がない月があったとしても心に余裕を持てるように仕事をすることが重要なのです。

◆広告をしない会社・店舗も導入できる

誘導看板にはもう1つメリットがあります。誘導看板は広告目的ではなく、来店・来社されるお客様のために設置するものです。そのため、**通常は広告をしない店舗や会社も興味を持ってくれて、「うちは広告とかしないのよね」と追い返されることはありません。**

店舗や会社が大きな道から1本入ったちょっとわかりにくい場所であれば、気が利いた提案だと感謝されることもあります。

「でも、それはそれで難しいんじゃないの？」と思われるかもしれません。

そこで次項で、誘導看板というサブスクモデルで継続的に売上げを計上できるようになるための「誘導看板の契約を獲得する5つのステップ」を詳しく解説いたします。

5 応用可能！　誘導看板の契約を獲得する5つのステップ

誘導看板は目的地までの案内人

「誘導看板」は、迷いやすい場所にある店舗への道案内をしてくれる、心強い案内人です。迷いやすい場所や裏通りにある店舗へスムーズに誘導してくれます。

スマホの地図アプリも頼りにはなります。しかし、地図アプリをにらみながら、「本当に合っているの？」と不安とストレスを抱えながらたどり着くのに比べ、誘導看板通りに進めば確実にたどり着けると、より親切です。

この考えを踏まえながら、誘導看板の契約を獲得する5つのステップを解説します。

【ステップ1】名刺交換した人の店舗を地図アプリでチェックし、大きい道から1本入った店舗を探す

セミナーやコワーキングスペース、異業種交流会などで名刺交換をしたら、相手の店舗や会社がどこにあるのか、地図アプリでチェックします。

大切なのは、どのような場所に店舗や会社があるのか確認することです。とくに注目するのは、大通りから1本入ったエリアにある店舗や、会社への訪問客が多いビジネスをしている会社です。

大通りからのアクセスがわかりにくい場合、誘導看板の価値は高まります。どこで曲がれば目的地にたどり着けるかがわかりにくいほど、効果的な誘導看板の提案につながります。

【ステップ2】「近くに用事があるので寄っていいですか」とアポをとる

立地をチェックしたら、誘導看板の提案アポをとりましょう。これから誘導看板を提案するぞ、などと意気込まず、「近くに行く用事があるので、寄らせてもらおうと思うのですが、ご都合いかがでしょうか?」といったニュアンスで声をかけると、自然な流れとなります。

アポをとった際、あらかじめ立地を確認したことを伝え、「お客様が道に迷って、よく電話してきませんか?」と質問を投げかけてみましょう。この質問によって、相手の店舗や会社が誘導に課題を抱えているかどうか探ることができます。

アポをとったときに、「はじめての場所なので迷うかもしれません」と伏線を引いておきましょう。「迷う人が多いから地図を送っておくね」とか、「茶色のビルを曲がって」などと、店舗や会社までのルートを共有してくれたなら、迷う人が多いので脈ありです。

【ステップ3】顧客を逃しているかもしれないとお伝えする

当日、この場所にたどり着くまで難しかったこと、同じような道が多くわかりにくかったことなど、体験したことを話しましょう。

一度来店したことのある人でも、2度目に迷うケースがありそうなことを具体的に伝えることで、その課題を知ってもらいます。「迷う」ということは、売上げ損失をしている可能性があり、改善する方法が誘導看板だと必要性をアピールします。

誘導看板を設置すれば、店舗までの道案内をしてくれるだけではありません。**大通りの通行者にも潜在的にアプローチでき、宣伝効果がある**ことも伝えます。

近くを歩いているお客様は、ニーズのある遠いお客様より立ち寄ってくれる可能性が高

●「誘導看板」を契約する5ステップ●

ステップ1

大きい道から1本入った店舗を探す

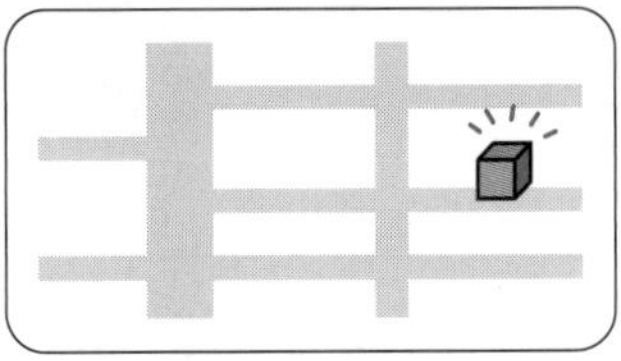

↓

ステップ2

「寄っていいですか」をアポをとる

↓

ステップ3

「お客様を逃がしているかもしれない」と伝える

↓

ステップ4

近所の看板会社に設置場所を探してもらう

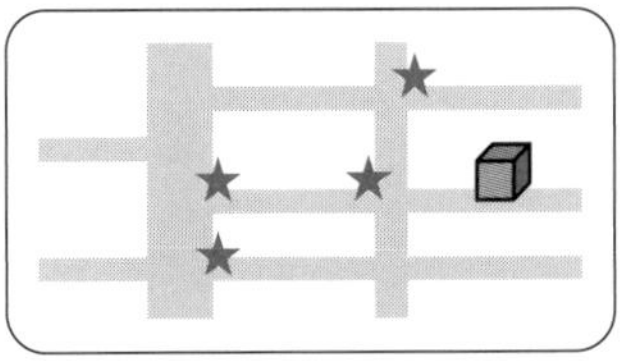

↓

ステップ5

設置場所のマップと見積りを持っていく

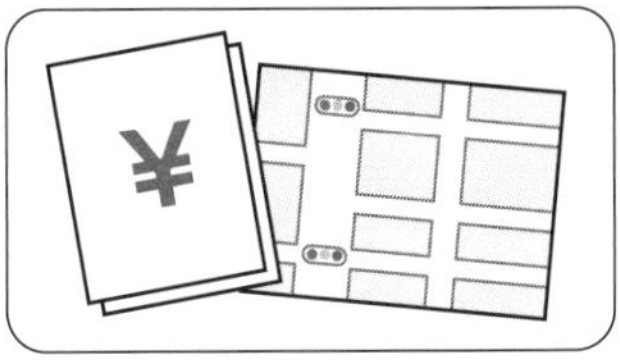

いのです。誘導目的の看板が新規顧客を引き込むチャンスを広げることも伝えます。

誘導看板で課題解決ができることと、販促効果もあるというメリットを認識し、興味を持ってもらえたら、設置場所の確認や見積りを提出することを伝えます。


【ステップ4】近所の看板会社に設置できる場所を探してもらい見積りをもらう

お客様の店舗・会社付近の看板会社を地図アプリで検索し、看板の設置できる場所を看板会社に探してもらいます。

看板会社は看板をつくるだけではなく、看板を設置できる場所も探してくれるプロフェッショナルです。店舗の場所と誘導目的で看板を設置したいと調査を依頼します。もし、あなたがお客様の店舗に行く際に、ここに看板があればわかりやすいなと思った場所があれば、その周辺に看板掲出できそうな場所があるかどうかも確認してもらいましょう。

看板掲出可能な場所をマップに落とし込んでもらい、サイズや費用もあわせて提案をもらいます。実際に看板をどれくらいのサイズで設置できるか、サイズを明示した写真入りの資料をつくってもらえばスムーズに提案ができます。


【ステップ5】出てきた見積りに上乗せして、設置場所のマップと共に持っていく

看板会社から出された見積りに、手数料を上乗せして、設置場所のマップと写真イメージと共に提案をします。見積りの項目は、看板体の製作費、看板デザイン費の他に、年間掲出料を掲載します。

誘導看板を設置することで、来店率・来店者が増加し、売上げがアップするというメリットも伝え、契約にこぎつけましょう。

契約成立後は、誘導看板として必要な「この角を右折」などを入れ、長期的に変更しなくてよい、シンプルでわかりやすい内容を入れ込んだデザインを制作します。設置してしまえば、毎年請求書を送るだけの「サブスクモデル」の誕生です。

あなたの売上げがアップするだけではなく、お客様の顧客満足度向上にも、売上げアップにも寄与できる有益な提案です。誘導看板を設置することは必然だと自信を持って、提案しましょう。

第6章

お客様の紹介が続いていく仕事の進め方

1 ワクワクしてくれるお客様と仕事をする

どんどん新しい提案をしよう

東京ビッグサイトの展示会に出展するお客様から、「おもしろくて、他社がしたことのないようなことをしたい」と漠然とした依頼がきました。

◆資料を参考にしても同じものにはならない

お客様もこれがしたいというものが決まっているわけではありません。ネットなどで検索した様々な資料を持ち込み、打ち合わせていく中で、ホログラムで立体的に動くキャラクター、SF映画で出てくる空中ディスプレイ、会場に持ち込みできなかった機械もVRで確認できるWEB展示会、全長1m程度のキャラクターのエアバルーンなど、とにかく思いついたアイディアをメモしていきます。

こうしたメモを見ながら打合せを進めることによって、漠然としていたものが明確な形を持ってきて、進む方向性が決まるのです。見本となる参考資料を見ているからといって、まったく同じものはできません。様々な要素が加わり、最終的にはお客様らしいオリジナリティあふれるものができあがっていきます。

◆高いレベルの事例を増やす

実績がないうちは実績資料を持っていくことはできません。実績があったとしても実績以上の仕事にチャレンジできないのは、寂しすぎます。どこかの誰かが実現したイベントや展示会の資料を集めて、どんどん新しいことを提案・チャレンジし、仕事のランクをあげ、あなたの事例を増やしていきましょう。

そうすることで、あなたは新しいことをどんどん提案してくれ、まだ見ぬ未来を切り拓いてくれる人に見えます。それをワクワクと楽しみにしてくれるお客様とつき合うのです。そのお客様のまわりにいる人は、同じようにワクワクを楽しんでくれる方々です。

「この企画、誰が考えたの？」

「ひとり代理店の方と考えたんだよ」

そんな人を探している知り合いがいれば、どんどん紹介してくれます。世界中に存在する様々な仕事見本を参考資料として提出することで、それがあなたのビジネスになり、実績が増え、お客様を紹介してくれるのです。

2 売上げを共有して伴走者としての関係を構築

常に背中を押してあげる存在になる

個人事業主や中小企業は、経営者のやる気が売上げを左右します。「こういうことがしたいけど、どう思う?」と聞かれたら「いいですね」とやりたいことに共感し、一緒に成果をあげる伴走者になりましょう。

◆お客様のことを考えて対応する

販促に関係のない、新規商品導入などについて聞かれた場合も「いいですね」と背中を押します。

例えば、商品の仕入れで赤と青のいずれにするか悩んでいます。どちらかの色を選ばなければならない状況です。「赤のほうが好きだけど、世の中的には青が売れていて、どっちを仕入れたらいいと思う?」と聞かれたとしても「いいですね、赤を仕入れましょう」

とおすすめします。

なぜなら、個人経営の店舗では、経営者の好き嫌いが売上げを左右することがあるからです。好きではないものはモチベーションがあがりません。好きな商品であれば店頭の良い場所に出し、どのお客様にもおすすめをし、明らかに売れるチャンスが多くなります。その結果、赤が売れるという状況になるのです。

◆やってみた経験が財産になる

ＷＥＢサイトへ搭載してみたいと思っている仕組みなどについても、「いいですね」と背中を押します。「成功する」「失敗する」は不明確で、なにごともやってみないとわからないからです。

お客様のＷＥＢサイトにＬＩＮＥでの問い合わせを追加した事例がありました。

Ａ店舗では、ＷＥＢサイトへＬＩＮＥ公式アカウントの友だち追加のリンクを設置し、問い合わせをしてもらえるようにしました。既存のお問い合わせフォームからは、ほとんど問い合わせはありませんでしたが、ＬＩＮＥ公式アカウントを追加した途端、問い合わせが毎日来るようになりました。

ＬＩＮＥでの問い合わせにしたことにより、問い合わせフォームでは対応できなかった写真の送付ができるようになり、顧客とのコミュニケーションがとりやすくなりました。メールよりレスポンスよく返信でき、問い合わせの理解度も増すことで的確な対応ができ、受注も増加しました。

その後、B店舗から「WEBサイトにLINE公式アカウントを追加するの、どう思う?」と聞かれました。A店舗の成功事例があったので、「いいですね、やりましょう」と答えました。しかし、LINEからの問い合わせは増えたものの、返信する店舗内体制がとれないという結果になり、LINEでの問い合わせは閉鎖しました。

同じことをやっても結果はわからない

このように、同じ内容だったとしても、対応する人や体制、人数などによって、売上げ獲得になるかどうかは異なります。ただし、これは実施したからこそ、わかったことです。聞かれたときに「う~ん、どうですかね」という反応をしてしまえば、「やっぱりやらないほうがいいか」とやる気を失います。

それより、**やってみて一歩でも進めば、新しく道が拓けます。**失敗事例があったとしても、成功するお客様もいるからこそ、常に背中を押すというスタンスで対応するのです。それがお客様からの信頼獲得につながります。

3 なぜ紹介者がまた紹介してくれるのか？

紹介してくれた人にときどき経過を伝える

家を建てたいお客様を建築会社に紹介したあと、どうなったか気になりませんか？　大切なお客様だからこそ、紹介後の経過が気になるのです。

◆紹介者はその後が気になるもの

その思いから、お客様を紹介してくれた人には、はじめての連絡後、初回打合せ後、受注・納品したときなど、経過報告をするようにしています。

もちろん、私を信頼して紹介してくれていますが、「どうなったのかな?」と聞きたくても聞けない可能性もあります。そう思わせないためにも、どんどん状況を報告していきましょう。今どうなっているか経過報告をすることで、紹介したことに対して安心してくれます。

実践例

エステサロンのお客様は、以前に働いていた広告代理店の営業担当Dさんから紹介を受けました。営業担当が部署移動になり、残った営業スタッフの中に任せられる人がいないので、私に引き継いでほしいとのことでした。

社内に適任がいないので外部へ引き継ぐというのは、異例のことです。引き継いだ当初はタウン情報誌への広告掲載だけでした。その後、折込チラシやポスティング、テレビCMなど、年々仕事が増えていきました。

引き継いだ数年後、Dさんに「そういえば、あのエステサロンのお客様、折込チラシやテレビCMなどもさせていただいていますよ」と伝えると驚かれ、「えっ、そんなに仕事増えているの？（エステサロンの）売上げを育ててくれてありがとう」と感謝されました。

仕事量が増えているということは、それだけお客様のお役に立っている証です。

◆紹介者に喜んでもらうとまた紹介してくれる

その成果を聞き、Dさんも「あなたを紹介してよかった」と喜んでくれました。さらに以前はタウン情報誌の掲載のみを行っていたお客様と、途切れることなく継続して受注があることに驚き、「まだ続いているの？　素晴らしい」と評価してくれました。

紹介してくれた人に、最初だけ報告するのではなく、何年経っても、ときどき報告する

ことによって、「紹介してよかった」を何度も感じ、また誰かを紹介しようと思ってくれるきっかけになります。

こうしたケースでは、Dさんがよく知っているスタッフの話題を伝えることも効果的です。「○○さん、大阪支店に異動になりましたよ」と話題にし、感謝を伝え続けることで、間接的に紹介を促すことになります。

紹介先の良いところを報告する

紹介していただいた人や会社の素敵なところ、すごいところを報告することも、再びお客様を紹介したくなるきっかけとなります。

「紹介していただいたA社の担当の○○さん、修正があるときも、褒めてから修正を伝えてくれるから、やる気が出ますよね」など、素敵なところを伝えます。

紹介してくれた人としてはそんなに評価が高くないA社だったとしても、褒めてもらうと「いいお客様を紹介できてよかった」と嬉しくなります。

お客様を紹介してくれる人は、あなたの最大の味方です。

報告もかねて、気になることがあれば相談ができる状況をつくっておくこともできます。

トラブルにならなくても、担当者とのやりとりがスムーズにいかないとき、金額交渉が決裂しそうなときなど、相談ができます。

例えば、担当者から数日経ってもメール返信がないとき、「担当者からメールの返信がないのですが、これはいつものことですか?」と気になることを聞くこともできます。「そうそう、あの担当者、忙しいから即レスはないのよ。数日経っても返信がなかったら電話してあげて」といったアドバイスももらえます。

◆細やかな報告でこれまでのお客様とつながり続ける

紹介後の報告を細やかにすることで、拠点のある場所も距離も関係なく、紹介してくれる状況をつくれます。


私は夫の転勤で数年おきに拠点を変わっていますが、愛知在住のときには愛知の人が大阪の人を、広島の人が静岡の人を、東京の人が東京の人などを紹介してくれました。

他のエリアに変わっても同様です。紹介者の近くにいない「ひとり代理店」を紹介することは、少しハードルが高いように感じますが、そんなことは関係ないようです。どこに拠点がある人かは関係なく、紹介の連鎖が起こります。

全国にお客様がいるため、私はほぼ自宅にいるのに、毎日どこかに出張している「人気者」に見える効果もあります（笑）。

フットワークが軽いように思われて、どこにいるお客様を紹介してもよいと感じるようで重宝されます。遠方のお客様に会いに行こうとすると、予定が入っていたとしてもどうにか会う時間をつくってくれます。お土産として仕事を持って帰ってもらおうと仕事を依頼する準備までしてくれます。

◆紹介してくれた人・紹介された人の双方に感謝を伝える

お客様を紹介してくれた人にはいつまでも感謝を伝え、紹介してもらった人にも「あの人のおかげで出会えた」ということを伝え続けます。

双方の関係性に感謝し、お互いを話題にし続けることで、全国どこのお客様でも、どんな業種でも紹介してくれるのです。

Column

お客様の反響を伝えてモチベーションをあげる　その1

●満足してもらえたのか不安…

お客様からの「ありがとう」と共に、反響や成果を「できる人」にしっかり伝えると、彼ら彼女らのモチベーションはあがります。

それに気づいたのは、プロに頼むことなく、私自身が手を動かして謎解きの問題を制作したときでした。モールの周遊イベントの謎解き問題を制作してほしいと依頼をもらいましたが、謎解き問題など誰がつくれるかもわかりません。

依頼してきたイベント会社の担当者も時間がなく、困っています。力になれるのであればと、「私でよければ、つくってみます」と仕事を請けました。

イベント会社の担当者の先にいるお客様にもチェックをしてもらい、無事に謎解き問題を納品完了。担当者もお客様も満足し、仕事としては完了しています。しかし、「来場者が楽しんでくれる謎解きになっていただろうか?」と不安が頭をよぎります。

イベント当日、担当者から「こんなにたくさんの人が謎解き問題に群がっていたよ」

と写真と共に報告が来たのです。そこにはターゲットであった子どもたちや親御さんたちだけではなく、大人だけで謎解きを楽しむ様子が写っていました。

どこか不安に満ち、もう二度目はないかもとネガティブになっていた仕事でした。それなのに、「次に謎解き問題制作の仕事がきたら、どんな問題をつくろうかな」とモチベーションがあがり、「次の依頼はいつですか?」と言えるほど楽しみになりました。

●チーム全体のレベルがアップする

そのときに気づいたのです。担当者がもし、来場者が楽しんでいる様子を教えてくれなかったら、次に同じ仕事が来ても「これでいいのだろうか」と正解がわからず、雲をつかむような気持ちで毎回納品してしまうと感じました。

「ありがとう」に添えて、仕上がってきたときの個人的な感想や納品したあとの反響や結果を「できる人」のプロに伝えていくことで、益々良いものをつくることができ、納品するお客様の満足度を高められると感じました。

それからは、完納した「ありがとう」だけではなく、その後の反響や結果を逐一伝えるようにしています。

(229ページに続く)

4 出会った人に相談する・人を紹介する

相手の心の中に入り込むには

営業というと、どうしても商品を並べたり、ビジネスやサービスのＰＲをしてしまいがちです。

でも、それは自己満足でしかありません。お客様が困って相談をしてくれたときに、「こういう商品があります」「こういうサービスがあります」「こうしてはどうですか?」と、はじめて商品やサービスのことを伝えるとスムーズに受注することができます。

前項でも述べたように、お客様を紹介してもらうには、あなたがどこにいるか、お客様がどこにいるかは関係ありません。誰の紹介なのかが重要なのです。

メール・電話・オンラインがあれば、どこでも仕事が舞い込みます。転勤族、介護のために実家に帰らなければならない、子どものためにこの地域から離れたくないなど、住む地域が決まってしまっていたとしても、どこでも仕事が受注できるのが「ひとり代理店」です。

◆まず、あなたが相談をしよう

お客様があなたに相談をしてくれる状況にするための最初のプロセスは、あなた自身がお客様になりそうな方に「相談をする」ことです。**あなたがお客様にしてほしいことを、まずお客様にしてみる**のです。

もし起業したてで税務のことがわからないのであれば、「領収書の宛名ってどういうふうに書いてもらっていますか?」「税理士さんに頼んでいますか?」などでもいいでしょう。あるいは、「値引きをしてほしいというお客様がいるのですが、そういうお客様はどうやって対応していますか?」など、仕事で困っていることの質問や相談をしてみましょう。

相談をすればするほど、立場としてはお客様のほうが上になっていき、ひとり代理店に頼みたい仕事ができたときに声をかけてくれるようになります。

また、仕事を頼める「できる人」を探しているタイミングでは、「動画編集ができる人を探しているのですがご存じないですか?」「WEB広告に強いお知り合いはいませんか?」

などと声をかけてみましょう。人は誰しも頼りにされると嬉しいものです。

知り合いを紹介してもらうことで、紹介してもらった人に仕事を依頼すると、そのお客様に満足していただけます。さらには関係性を強固にするきっかけとなります。

↓苦手なことに対応する

人が苦手なこと、忙しくて対応できないことを請け負うことも、その人が困っていることを解決し、タスクを1つ減らすことになります。

「ポケットWi-Fiってどこ使っているの?」と聞かれたときに、「いろいろ調べた結果、この会社がよかったので、会社サイトのURLを送っておきます」と代わりに調べたり、現地集合の打合せがあるときに「お客様先から現地までの電車の時刻を調べておいたので送っておきますね」など、簡単なことの積み重ねで、決して仕事に直結することでなくていいのです。

困っていることを代わりに解決してあげるのは、儲けている人は必ずといっていいほど行っている営業方法です。簡単なことの積み重ねです。あなたができることは、どんなことでもやりましょう。

コワーキングスペースで開催されるイベントなどを手伝うことも仕事を紹介してもらえるきっかけになります。仕事をしている様子を見てもらえるので、忘年会や異業種交流会に参加するよりも受注率は高くなります。

イベントの準備段階で、ポスターやポップをつくる、イベント当日も気が利く行動をしていると自然と仕事のやり方が見えてきます。それが評価され、人を紹介してもらいやすくなるのです。

私は実際に、コワーキングスペースのイベントを手伝ったあと、「企画書ってつくれる？」と聞かれたことがあります。企画書はつくったことはあるけれど、企画書だけを請けることはそれまでありませんでした。

愛知在住のときに、愛知にいる方から紹介を受けた仕事が、関西のイベント会社の企画書作成でした。「知り合いが忙しくて、誰か企画書をつくれる人を探している」と声をかけてもらったのです。

いつも通り「できます」と答え、仕事を引き受けました。パワーポイントでの企画書作成で、他のできる人に振ることはせず、自分で対応しました。できる人に振るだけではなく、自らができること、やりたいことは対応してもよいのです。

仕事は電話とメールのやりとりで、顔を合わせることもなくスタートしました。そんなスタートだったとしても、今や息の長いお客様となっています。

コワーキングスペースは様々な業種の人が集まる場所です。こうした場所で出会った人とうまく関係を築くことが、仕事の機会を増やす大きなカギとなります。

困りごとを解決することで相手の信頼を得ると同時に、仕事の幅を広げることができます。大切なのは、相手の悩みやニーズをしっかり理解し、本当に役立つものを提供することです。こうして、お互いにウィン-ウィンの関係を築くことが、紹介へとつながっていきます。

どんどん人を紹介する

たとえ、仕事に直接つながらないことであっても、人はどんどん紹介しましょう。**人と人をつなぐことも大切な仕事です。人脈の広がりや信頼関係の構築が進み、さらに相談される人になることができます。**

お客様である社会保険労務士（社労士）から、いつも「お仕事紹介してくださいね」と言われていました。紹介してあげたい気持ちは山々ですが、社労士を探していないお客様に、「社会保険労務士に聞きたいことがあれば、紹介できますよ」とサービスを求めていないタイミングで言っても、「今、困ってないのよ」で終わってしまいます。

押し売り感があり、不快な思いをさせてしまうかもしれません。紹介できる人のストックとして持っておき、紹介できるタイミングを待ちましょう。

紹介できるタイミングとはこんなときです。従業員とパート数名の店舗で、雇用問題が発生しました。その悩みをお客様は雑談程度で話してくれました。「よし、このタイミング」と社労士を紹介しました。

紹介については、社労士とお客様の直接契約になり、1円の売上げにもなりませんが、お客様の困りごとは解決でき、紹介してほしいと言っていた社労士にお客様を紹介することができました。

あるときはキャッシュレス決済事業者の担当者を紹介しました。キャッシュレス決済が始まったころ、なにをどうすればよいかわからないとのことで、お客様先に行ってもらったのです。これもキャッシュレス決済事業者とお客様の直接契約になりました。

いずれのケースも、お客様の悩みが解決し、相談できる人ができたと喜んでいます。人を紹介することで、そのときは売上げに直結しなくても、人脈が広いことが伝わり、未来の売上げのきっかけとなるのです。

「まず相談するのは、この人」になる

専門家や他の業界の人と連携することで、新たなビジネスチャンスが生まれます。ただお客様を紹介したり、知っている専門家などを紹介しただけなのに、「この人はすごく広い人脈を持っている」となんでも相談してくれるようになります。

相談してもらえれば、ひとり代理店の仕事の範疇であれば仕事として受注し、範囲外であれば直接専門家を紹介します。どれが代理店の仕事なのか判断できないお客様も、「まず相談するのは、この人」というようになることができれば、取りこぼしなく仕事を受注することができるのです。

お客様に感謝してもらえるだけでなく、いつもはあなたがお客様を紹介する専門家から、あなたのお客様を紹介してもらえる機会も増えます。このような関係性をつくることにより、いろんな人がひとり代理店の営業スタッフとして活躍してくれます。ますますお客様を紹介してくれるようになり、売上げもどんどん増えていくのです。

5 年賀状は1年間のお礼状として出す

儀礼ではなく「お礼」

年賀状は1年間のお礼状です。

年賀状は毎年その人の素敵なところを書き出し、それを伝える1年のお礼状として出します。虚礼廃止の流れもあるでしょうが、お礼状ですので、返信はなくてもよいのです。

長年一緒にいてくれるお客様。**いろんな場面で助けてもらい、いつも感謝は伝えていますが、改めて伝えるのが年賀状です。**1年を振り返ると、良いことも悪いことも思い出されるに違いありません。誰しも頑張ってきたことを認め、「そのままで大丈夫」とそっと寄り添う言葉を書き記します。

会社の住所に送ったとしても経営者、担当者など個人宛に送ります。伝えたいことがある人に送ります。

形式的な会社宛の年賀状は送りません。使う葉書はいつも鳩居堂のシルク刷の葉書と決めています。筆ペンで書くインクのにじみと、おだやかな紙の色合い、そしてきりっとしたシルク印刷の絵柄。言葉の行間や深みを表してくれているようです。

◆お客様の素敵なところをお伝えしよう

書き記す内容は、1年のお礼とお客様の素敵なところです。お客様の素敵なところに重点を置いて伝えます。誰しも自らの良いところを見つけるのは苦手で、大人になるとなかなか褒めてもらうこともありません。

1年間お客様に寄り添い、共に歩んだからこそ見える素敵な部分を、お客様としか共感できない言葉で綴ります。

例えば、あるお客様にはこう書きました。

「○○さんの行動力、他の人を認める力、笑い声、ほんとに素敵なものを持たれており、それにいつも癒され、助けられ、感謝しております。」

1年間の節目のできごと、嬉しかったこと、悲しかったこと、言葉ごとに詳しく説明しなくても、相手のお客様にとっては頭に浮かぶ出来事が含まれています。「そう、去年もいろんなことがあったけど、ちゃんと頑張ってきた」と涙を浮かべてしまうくらい、心に染みる言葉を選ぶようにしています。

◆年賀状でも紹介してもらえる

あるお客様は、「私の担当のひとり代理店さん、こんな年賀状くれるの」と、まわりのつながりある人にも見せているそうです。お客様がまわりの人に見せたくなるような年賀状を送ることで、勝手に紹介をしてくれています。

担当しているお客様は素敵なところを持った、すごい人たちばかりなのです。だからこそ、存続し続けているのです。

店舗や会社の伴走者であることも大切ですが、もっと大切なのは店舗の経営者や担当者の、その人の人生の伴走者であることです。その人が、そこにいてくれなければ、チームになって売上げを伸ばすこともできなかったと感謝ばかりです。

人と人でチームをつくる

価格の決まっているものと違い、「この人に頼みたい」と思ってくれるからこそ、共に歩んでいけるのです。

だからこそ、人生の相談もしてくれます。引っ越しをするタイミング、息子さんが受験のタイミング、手術で入院するタイミング……、いいことも悪いこともすべて話してくれるからこそ、年間を通しての販促計画も調整しながら進められます。最終的には人なのです。

◆感謝の連鎖で仕事が増えていく

人生の伴走者になれば、家を購入するタイミングなども相談を受けます。「いろいろあたってみたけど、いい建築会社が見つけられない」――そんな話が来ると、お客様の中から建築会社を何社かピックアップし、最適な建築会社を紹介することもできます。

これも人と人のつながりです。性格や考え方がぴったり合いそうな会社を紹介します。相性がぴったりの建築会社を紹介すれば、クロージングがスムーズにでき、その会社の受注につながります。そして、感謝の連鎖がはじまります。

会社とのつき合いではなく、役職も年齢も関係なく、人として尊敬しているからこそ、長いつき合いができるのです。好きな人たちと働ける環境が構築できているからこそ、類は友を呼び、紹介で仕事が広がっていきます。

Column

お客様の反響を伝えてモチベーションをあげる　その2

●言葉は「そのまま」伝えよう

お客様からの反響を「できる人」に伝える際は、もらった言葉をそのまま伝えるのが効果的です。

例えば、動画の編集者から動画が仕上がり、お客様に提出した際にもらった言葉は、言葉と言葉の間にある気持ちまで伝わると考え、もらった言葉そのままを伝えています。

「めちゃめちゃカッコよすぎです！」「編集されている方、センスよすぎです。もう他の方に頼めないっすね」など、まったくそのままです。

これを仕事の話だからと、「すごくかっこよく仕上がっていて、センスよくて、もう他に頼めないと言っていましたよ」と丁寧な言葉に変換してしまうと、言葉の勢いが失われてしまいます。お客様の言葉はそのまま伝えていきましょう。

●「あなたに頼みたい」その理由も伝えよう

仕事を依頼する際も、なぜ多くの動画編集者の中からその人に依頼することに決めたのか、その理由を添えましょう。

「昨年の編集がとってもよかったから、今年も昨年と同じ方に編集お願いしたいけれど、可能かという打診がお客様からありました。私自身もとっても嬉しく『大丈夫です！』とお伝えしました」と伝えると共に、私自身の感謝の気持ちとして「〇〇さんにお願いしたからこそ、仕事がつながっています！　他の仕事も大変な中、調整もしていただき、やっぱりできる人はやり遂げるのだと改めて思いました。〇〇さんあっての動画なので、今後ともどうぞよろしくお願いいたします」と伝えました。

こう伝えると、「編集ご指名いただけると断然やる気が出ます！」とますます良い仕上がりが期待でき、納期にも間に合わせてくれます。

指示は出していないけれど、気づいて修正してくれた部分も感謝の気持ちを伝えます。「前回より出演者の声がクリアに聞こえるようになっていましたね。気づいて調整していただき、感謝です」と伝えることで、編集者もやりがいが出てきます。

いろいろなお客様の声をフィードバックし続けることで、「お客様―ひとり代理店―プロ」の関係性が、「お客様―ひとり代理店チーム」となります。お客様が希望する成果物がプロにも見えてきて、細かい指示を出さなくてもツーカーで対応できるようになるのです。

第7章

《実践例》
ひとり代理店で年収1000万円をめざす仕事の広げ方

1

《実践例》「ひとり代理店」でできる仕事はこんなにある

「ひとり代理店」として、仕事をランクアップしていく過程としては、これまでにも述べてきたように、

①依頼された通りに対応する、②一緒に考える、③ワクワクを売る

という3つのステップがあります。ステップを進めるごとに収入もアップしていきます。

【ステップ1】依頼された通りに対応する

「代理店」という概念にとらわれすぎず、まずは依頼された通りに対応し、求められた通りに納品することからスタートします。しっかりとした仕事をすることで、信頼貯金を貯めることができ、大きな仕事をいただけたり、集客・販促の仕事に発展していくことがあります。

実践例　結婚式の案内状作成　↓　WEBサイト作成

仕事関係の知り合いから結婚式の案内状作成の依頼がありました。案内状作成のやりとりの中、新郎新婦のお2人は「時間がなくて引き出物を決めるまでたどり着けない…」と悩んでいました。

目の前に引き出物のカタログが届けば、その問題は解決できるのではないかと、ノベルティのカタログを渡しました。結果、来賓・ご家族の引き出物の発注をいただくことで、案内状の仕事だけだったのが、引き出物も受注することができました。

ノベルティのカタログを渡したことがきっかけで、新郎にノベルティが発注できることを認識していただき、新郎が勤務する会社のお中元、お歳暮の注文が定期的に入るようになりました。また、注文をいただいたときなど定期的にお話をしていると、「WEBサイトをつくりたいと思っているけれど、頼める？」というご相談をいただき、受注につながりました。

実践例　イベント・セミナー設営・撤去・受付　↓　セミナー集客・看板設置

大学からセミナーの椅子や机の設置、受付の設営などを手伝ってほしいと依頼されました。当初の企画にはなかったオンライン配信も大学の担当者からレクチャーを受け、担当できるようになりました。

セミナー当日までに受付表や出席者の名札などを準備し、不定期に打合せを続けているうちにセミナーへの集客の相談がありました。インスタグラム広告の配信や新幹線の駅構内の看板設置などの提案につながりました。

このように「言われたことを丁寧に手伝う」という簡単な手法で、大きな仕事へと展開が可能です。金額の大小にかかわらず、そして割に合わない仕事だからと断らず、その仕事から得られる学びや楽しみを満喫しましょう。そのあとにお金も受注もついてきます。

【ステップ2】一緒に考える

経営者や担当者と目的に向かって一緒に考え、寄り添うことができれば、次のステップに発展していきます。

一緒に考えていくと、これはお客様に役立ちそう、ということが見えてきて、的確な事例紹介ができるようになります。紹介した事例をもとに、集客できそう、売上げがあがりそうな方法を一緒に考え、実施まで内容を詰めていきます。

実践例　パワーポイント制作　↓　経営コンサルティング

塾の仕事で、入塾前に生徒や親御さんに塾のカリキュラムやルールなどを説明する資料をパワーポイントで作成しました。カリキュラムやルール、月謝の仕組みが複雑すぎて、入塾希望者が理解するのが難しかったため、担当者と一緒に考えてルールの変更や表記の仕方の変更を行いました。

仕組みをよりシンプルに、わかりやすくまとめる力があるという私の強みを見つけてもらいました。その強みを活かし、煩雑になっている塾のルールや仕組みを整えていきたいと、毎月の経営コンサルティングの仕事を請けることとなりました。

実践例　ゆるキャラのぬいぐるみ製作　↓　追加注文

ある市から、手のひらサイズのゆるキャラのぬいぐるみをつくりたいと依頼を受けました。日本で製作すると原価が高くなるため、中国に発注しました。ロットは１０００個単位です。くまモンやふなっしーのように誰もが知るゆるキャラではないため、１０００個を販売しようとすると、必然的に購入してもらうための作戦を考える必要があります。

１０００個売り切るにはどうしたらよいか、数名の担当者と様々な意見を出し合いました。その結果、「ゆるキャラと市内の名所を一緒に撮影した写真をＳＮＳ投稿してもらう」というキャンペーンを開催することになりました。

キャンペーンに参加するためには、ゆるキャラのぬいぐるみを購入しなくてはなりません。この作戦が功を奏し、初回製造の１０００個はあっという間に売り切れ、追加注文をもらうことができました。

追加注文をもらうには、販売する仕組みを考えることも必要です。今回のように、購入しなければキャンペーンに参加できない、購入して参加したい、というように、いかに「必然」をつくり、気持ちよく購入してもらうかがポイントとなります。

この一連のキャンペーンで担当者と仲良くなり、市内のショッピングモールで近隣のゆるキャラが登場するイベントを開催した際も、無償で登場していただきました。時には着ぐるみだけを貸し出してもらうこともあり、様々な優遇をしてもらいました。

慣れている人は簡単にできるパワーポイント作成や、ものを納品してしまえば完結してしまうお仕事であっても、お客様と考えながら進めることにより、一緒につくりあげた達成感を感じていただけます。

一緒に仕事をすることで新しいものが生まれ、売上げをあげることができると、これからもこの人と一緒になにかをつくっていきたいという想いが強くなります。

そのため、お金では購入できないものを得ることができ、長期の受注につながっていくのです。

【ステップ3】ワクワクを売る

「この人に相談すれば、きっとワクワクする、心躍る提案をしてくれる」とお客様に思ってもらえれば、ぐっと売上げがあがります。

販促の実績が出ることは大切ですが、「あなたと一緒に仕事をすると楽しい」「面白そう」と感じてくれる、ワクワクするものを一緒につくりあげることが大切です。他の「できる人」と仕事をすることで、そうしたワクワクをつくり出すこともできるのです。

実践例 DM ↓ 仏像がしゃべる動画制作

美術館で「日本画家×俳優」の2人展のダイレクトメール（DM）を作成したいと相談がありました。葉書の1・5倍ほどの大きさのDMに、バーコ印刷という文字が盛り上がる特殊印刷を施しました。

そのＤＭをお客様が郵送したり、手渡したりすると「どこで印刷したの？」「これどういう印刷？」と面白がってくれ、個展も面白そうだと感じて、多くの方が来場されました。

このとき、「もっと面白いことがしたいね」とお客様から相談を受け、ＤＭに印刷した仏像がしゃべる動画を提案しました。

日本画家が描いた仏像にＡＩ技術を用い、時には眉が動き、口をパクパクと動かしてしゃべる動画です。しゃべる言葉は俳優が考え、俳優の発する声を仏像に一体化させました。動画を修正し、提出を繰り返している過程の最中、お客様はワクワクしっぱなしです。

「個展以外でもたくさんの人に見せたいな」

「来年は東京での個展を実現して、これを持っていくぞ」

次から次へと未来が拓かれていきます。ワクワクは発想を生み、もっと多くの人に見せたくなり、お客様自身がいつもの10倍くらい宣伝してくれるので、集客もできるわけです。

このような販促物がなければ、「よかったら来てください」と案内状を渡すだけでしょう。でも、今回はお客様の中でどうしても見てもらいたいものがあります。

そうなると、面白いものを展示するから、「絶対来てほしい」という強い想いが伝わり、来場者を増やすことができます。実際に初の個展だったにもかかわらず、その会場を借りた過去最高レベルの集客になりました。企画を提案したひとり代理店の評価もあがり、仕事がどんどん舞い込みます。

実践例 コスプレ・イベント ↓ ローカルアイドルのCDジャケット制作

あるアニメの集客のため、映画館が入っているショッピングモールからイベントを開催してほしいと依頼を受けました。

「そのアニメが好きな人はどんな人だろう?」と考えていくと、そのアニメのコスプレをする人が多いことがわかりました。担当者に伝えると「とってもいい」と、モールとしても全面的に協力してくれることになりました。

しかし、コスプレ・イベントをどのように開催すればいいのかわかりません。

「きっと誰かコスプレ・イベントを企画できる人がいるはず」とまわりの人に手当たり次第、声をかけていきました。しかし、いくら声をかけても、誰にもつながらない状態が続き、「もうダメだ、モールの人に断ろう。代案を練ろう」と考えていたとき、やっとたどり着きました。

ローカルアイドルのイベントをしている人の先に、コスプレ・イベントを主催したことのある人がいたのです。

コスプレ・イベントのプロと企画を詰めていき、イベントに集客できただけでなく、映画館の入客増にも寄与することができました。

合わせて開催した痛車《いたしゃ》とローカルアイドルのイベントも集客ができ、モールの来場者数も予想以上です。特定のアニメの上映がない時期にも、定期的に開催するほどの盛況ぶり。定期的に開催することで、モール自体がローカルアイドルの聖地となるほど定着したイベントとなったのです。

そのイベントで出会ったローカルアイドルのCDジャケット制作や、アイドルオタクさん主催のローカルアイドル・イベントで司会を担当させてもらいました。

◆どんな企画もどこかの誰かがやっている

どんな仕事も、なにかをきっかけに広げていけば、1つの仕事が完結した後も多種多様な仕事を受注できます。

目の前の仕事を一生懸命、お客様と一緒につくっていくだけ。趣味のような仕事であったとしても、あなたもお客様も「楽しい」と感じられることは、そのさらに先のお客様にも波及します。それが集客につながることを認識し、常にワクワクを求めて仕事をしましょう。

ワクワクを売るには、そうした技術や経験がある「できる人」がまわりにいないとできないと思いがちです。でも、「できない」と諦め、できない理由を考える時間があれば、できる方法を考えたほうが成功に一歩でも近づきます。

どんなに無謀な案、できなそうな案が出たとしても、「凡人が思いつくことは、すでに世界のどこかで誰かがやっている」と考え、できる人を探すことが大切です。ゼロから生み出すのは、時間も費用もかかり、無謀といっても過言ではありません。

そう、今や、人間が空を飛んでピザを届けることも、かつてのSF映画に出てきたような、空中に浮かんだ画面を操作することも、実在する人間を3DスキャンしてAIを介して会話をすることもできます。難しそうなアイディアも、世界のどこかで誰かがそれを実現させているのです。

その誰かがやっている面白いことをお客様に提案し、面白がってくれるお客様と一緒に未来を切り拓いていきます。

お客様、あなた、プロフェッショナルと共にチームで果敢にチャレンジし、経験を積むことで、皆が成長していきます。全員が成長していけば、チーム全体で新たな段階にたどり着くことができるのです。

2

同じ仕事でも高単価、高利益の仕事がある

数が多くても仕事を受けられる

「ひとりで起業」「ひとりで副業」をしている人は、日本中で増えています。

「週末、ケーキを100個注文できますか？」
「結婚式のヘアセットを30人、お願いできますか？」

もし、そう聞かれたら、ひとりでケーキ屋をしているパティシエも、ひとりで開業した美容師も、数が多すぎて「はい、わかりました」と即答することはできません。

仕事を受けたくても、「どうしよう」と焦ってしまうことでしょう。

そのときだけ、「手伝ってくれる人いるかな？」と人を探さなければ、できるかどうか

わかりません。

ひとりで対応できる数が限られているため、なんらかの段取りをしなければ返事はできません。

「ひとり代理店」の場合は、数が多くなることが嬉しい仕事もあります。

「パンフレットを10万部納品できますか?」

「展示会用のノベルティを1万個、お願いできますか?」

◆10万部の注文でもほぼ即答が可能

このように聞かれても、「はい、かしこまりました」と即答できます。パンフレットの印刷を1部手配する場合も、10万部の手配をする場合も、基本的な仕事量は同じです。

大量の注文を受けたからといって、人を雇う必要も、新たな段取りが必要なわけでもありません。印刷会社やノベルティ会社に確認して、「お願いします」と依頼するだけ。

純粋に数が増えれば増えるほど、利益がアップします。多くの量を発注してくれる会社がお客様になってくれることで、同じ時間仕事をしていても売上げや利益があがっていくのです。

ⓥ 1つの仕事で大きな利益を出せる仕事もある

数だけが利益をあげる要因ではありません。ひとり代理店には、1つの仕事の売上げだったとしても、利益がアップする仕事もあります。

「10万円のお弁当をつくってほしい」

こんな要望が料亭にあったとすると、料理人は「伊勢海老を入れようか」「トリュフやあわびも必須かな」と、いつもはあまり使っていない高級な食材を仕入れ、お弁当をつくる必要があります。材料だけでは付加価値がつけられず、京都の有名な料理人につくってもらうなどしなければならないかもしれません。

「50万円で、スペシャルエステをしてほしい」

と言われても、自宅でエステサロンを開業したオーナーはあたふたしてしまいます。施術の際に使う化粧品を変え、施術前後に出すドリンクやお菓子もいつもとは違うものにする必要があるかもしれません。空間も大切です。ラグジュアリーなレンタルスペースを借り、薔薇の花が浮かぶバスルームも準備しなければならないかもしれません。

多くの仕事は、1点や1サービスで販売金額が高くなると、質をあげるしかありません。いつもと違う準備が必要になり、考えることも増えてしまいます。料理人やオーナーの知名度をあげ、客単価をアップするのも1つの手法です。しかし、知名度をあげるのは簡単ではありません。時間が必要です。

◆単価がエリアによって変わる商品がある

ひとり代理店には、質も知名度もあげず、売上げ単価が高額になる仕事が存在します。

例えば、映画館のCM。映画を見る前、他の映画の予告の前に流れる「シネアド」です。代理店の販売手数料は、売上げ金額の10〜20%程度が基本です。ある県の映画館でシネアドを流しているお客様は、月額料金が20万円でした。このお客様は、東京に新たな店舗を出すため、東京の映画館でもシネアドを流したいと考えていました。

「東京のあの映画館でCMを流せたらいいじゃない。いくらするの?」

お客様は、現在の20万円が倍になるくらいの感覚で話されています。

「1か月200万円です」

目を見開いてびっくりされていました。そう、同じ15秒のCMを映画館で流すというだけで、エリアによっては単価が10倍にも跳ね上がるのです。仕事内容はいつもと変わりません。「東京のあの映画館にシネアドお願いします」と伝えるだけで、高額な売上げが見込めるのです。

10％の販売手数料だったとすると、現在の地方都市の映画館であれば、月額2万円の利益、東京の映画館であれば、月額20万円の利益です。映画館のCMは基本6か月。地方の映画館でCMを流しても2万円×6か月＝12万円。東京の映画館で流す1か月の利益より低いのです。

シネアドの場合は、そのCMを見る人数で金額が設定されているため、このような差があります。テレビ・ラジオ・屋外ビジョンなどでCMを流す場合も同様です。

このように、仕事内容や量が変わらなくても、高利益になることがあります。それがひとり代理店の面白さです。このような販促策があれば、高利益が獲得できる人口が多いエリアへの露出をおすすめしてみましょう。

金額が決まる仕組みを知ろう

人口が多いエリアが必ずしも高単価というわけではありません。チラシのポスティングなどは、人口が多いエリアは単価が安く、人口が少ないエリアは単価が高い場合がありま す。配布スタッフが1時間に配布できる枚数が異なるからです。

例えば、人口が多く、マンションやアパートの多いエリアは並んでいるポストへチラシを入れるだけです。戸建てエリアだったとしても、家が密集していれば隣までの距離は短く、1時間に500枚の配布が可能です。

しかし、住宅が密集していないエリアであれば、1時間に配布できる数は半分以下になる場合もあります。時給換算をするため、東京のポスティング代金よりも地方のほうが高くなる傾向があります。

どんな仕組みで依頼する仕事の単価が決まっているかを知っておくだけで、ひとり代理店として、利益をあげていくことができます。

誰しも1日は24時間です。仕事量を増やさず、質をあげなくても、儲けを得られる仕事を獲得していきましょう。東京ではシネアドやテレビCMをおすすめし、地方ではポスティングをおすすめするなど、販促したい場所で提案内容を変えることで、そうしたことが可能になります。

3

お客様の懐事情は考えず見積りを出そう

きちんと採算の合う見積りを出す

「これは高すぎるよね？」

誰にもなにも言われていないのに、一度入力した見積金額を下げたことはありませんか？「こんなに利益をもらうのはぼったくりかな」と思いはじめ、利益を削って見積りを提出したことはありませんか？

◆思い込みで低い見積りを出さないように

それはあなたの思い込みです。これだけもらえれば採算が合う、と算定して入力した金額なのに、金額を修正してしまうからお金が手元に残らないのです。自らの金銭感覚の思い込みに束縛され、儲からない仕組みをつくってしまっているのです。

お客様の懐事情を勝手に考えて、見積りの提出をするから手元にお金が残らないのです。

お客様の実際の懐事情なんて、はっきり言ってわかりません。

ある社長は、老後の資金まで切り崩して従業員に給与を払っていると言っていたのに、会社の決算書を見たら、その利益額に目を見開いたこともあります。

外部の人間には、「お金がないから安くして」と言っているのに、「従業員のボーナスを増やした」と自慢している社長。そう聞くと、いろいろと忖度する必要はなく、欲しい金額をきっちり提示することが大切です。

「やりたいけど、安くできないの？」と言ってくるお客様は、本気で思っているわけではなく口癖になっているのかもしれません。

値引き癖がついている社長には、最初は高く提示して、言われたら値引きをし、値引きをしてもらったという満足感を持ってもらってもよいのです。

◆提案に魅力があれば予算を超える

しかし、あなたがそんなふうに言われるのは、どうしてもやってみたい提案ができていないということかもしれません。

ちょっとだけ、遊び心を持った提案をしてみましょう。

実践例

塾のオーナーから、入会申込キットをつくりたいと相談を受けました。郵便で送るため、封筒も必要です。

いつもちょっとしたこだわりがあり、変わったところがあるものが好きなオーナーです。そこで、「ホワイトクラフト」という、中面はクラフト紙の茶色地が見えていて、外側はホワイトの紙を使った、少し変わった封筒を提案しました。

通常の白い封筒の2倍の金額の封筒です。封筒の画像を送ると「きゃ〜、かわいい」と金額は問わず、即決定となりました。

封筒のデザインは、3種類を用意しました。

お客様から要望を受けた、シンプルにセンターにロゴと住所などが入っているタイプ1、角から塾のキャラクターがひょこっと顔を出しているタイプ2、ゆかいな森の仲間たちをイメージしたイラストのタイプ3、の3種類です。

タイプ2とタイプ3は遊ばせてもらい、「こんな封筒で届いたら、思わずにっこりしちゃうよね」というデザインです。同時に、封緘《ふうかん》用のエンボスのスタンプをつくり、押したイメージを入れたものも提出しました。エンボスのスタンプは1個数万円です。

このエンボス入りの3種のデザインを見たお客様。エンボスの封緘をつくることはまったく考えていなかったので、予算オーバーです。

しかし、このトータルデザインの面白さに、「エンボスのタイプ2とタイプ3で悩みますが決めきれません。どちらが好きですか？」とエンボスはつくる前提で話が進んでいます。「今回はどちらもいいので悩みますね。最初にイメージしてつくったのはタイプ2ですよ～」とお伝えすると、あっという間にデザインが決定し、納品となりました。

こうした提案は、すごい能力を持った人しかできないことではありません。

言われたことをするだけではなく、ちょっとだけ遊び心を持った提案をしてみるのです。

そこに付加価値がつき、「あの人に封筒を頼んだら、どんなデザインでくるかな～」と楽しみにしてくれます。楽しいところには人が集まり、他社よりも多少高くても頼んでしまうのです。

2年後に実現した高額の提案

予算以上だったとしても、つい欲しくなるものを提案しましょう。それは、そのときはビジネスにならなくても、ずっと頭の片隅にあり、何年後かに依頼される場合もあるからです。

本当に良いものは、お金に余裕が出てきたときにやってみたくなるものです。だからこそ、金額を提出するときも、きちんと利益の出る金額で見積りを出すべきなのです。

実践例

オリジナルのドレッシングを販売しているレストランに、富裕層向けの折込チラシの提案をしたことがありました。

モンドコレクション受賞のドレッシングで、1本3000円です。お土産やギフトに使う人が多い商品でした。地方では単価が高いためなかなか動かない商品ですが、「美味しければ、いくらであっても購入します」という客層も必ずいます。

「ターゲットとなる客層に届いていないから購入されない」――そう考え、東京の南青山、白金、広尾、田園調布などのマンションや戸建て、兵庫の芦屋市などをピックアップし、新聞に折込をしましょう、と提案しました。しかも20万部。印刷代と折込費用などを合わせると100万円を超えます。

「ぜひやってみたい」

そう返事をもらったものの、提案は流れてしまいました。その2年後。

「提案してもらった折込の件、お願いしたいから打合せ、来られる?」

と、連絡がありました。

たくさんの「?」が頭に浮かびます。

折込なんて提案していたかな? と、やっと思い出しました。

「富裕層向けの折込の件ですか?」と聞くと「そうそう」と。

◆お客様の心に残る提案ならいずれ実現する

この話は流れたはずなのにと、衝撃を受けました。改めて聞くと、すぐにはこれだけのお金は準備できなかったけれど、「やっと予算が確保できた」と嬉しそうに話してくれました。

「やりたい」「やってみたい」と心を動かしたものは、ずっと残っているものです。

あなたにも「いつか買いたい」と思っているものがありませんか?

「いつか買いたい」ものは、いずれどうにかして手に入れたいと思っています。タイミングを見て、ひっぱり出してくれるものです。提案したときに無理に受注につなげようとせず、どんな提案でも予算は気にせず、提案してみることが重要です。

なにがお客様の心を揺さぶるかわからないのですから、提案したいことは予算を考えず、すべて伝えていきましょう。

4

利益の額を見ておくだけでいい

⬇請求書の提出で即入金が多い

店舗や個人事業主のお客様であれば、請求書を提出したら即入金されることも珍しくありません。請求書をＬＩＮＥやメールでお送りすると、「振込しておきました～」とすぐに連絡が来ることもあります。

個人のお客様はとくに、振込を忘れないように、そしてどうせ出ていくお金であれば早く払いたいという気持ちがあります。経理部などないですからネットバンキングで支払いをする人が多く、早い入金となることもあります。そのため、お客様から入金されてから、仕入先や取引先に支払いをすればよいので、資金繰りを考えなくてもいいのです。

◆確認するのは「利益」のみ

ひとりで経営していると、売上げ金額以上に経費がかかることはほとんどないので、毎月見るのは「利益目標」です。毎月の「売上げ－経費＝利益」を確認するだけです。初期投資や毎月かかる家賃、什器備品等の減価償却費などの固定費がないので、簡単です。

例えば、10万円でチラシを印刷して納品した場合、

売上げ10万円－経費（デザイナーへのデザイン代５万円＋印刷代１万円）＝４万円です。４万円の利益が出ていて赤字になっていないことを確認します。

これをコツコツ積み重ねるだけです。副業であれば、趣味に使える毎月５万円の利益をめざして仕事をしていくわけです。

起業したのであれば、最初は生活ができる分だけ、その次に会社員時代の手取りの給与を超える、といったような目標を立てていきます。

そのあとは前年利益の１２０％など、ざっくりとした目標金額を設定し、利益の進捗を毎月見ているだけでＯＫ。目標は決めなくてもいいのですが、あれば不思議なもので１年ごとに利益が伸びていきます。

よく、「売上げ目標」を決めている人がいます。しかし、売上げがいくらあっても、利益が確保できていなければ、手元のお金は増えません。

Ａさんは、ＷＥＢサイトの制作を１件１００万円で受注し、利益は50万円です。Ｂさん

はＷＥＢサイトを１件40万円で３件受注し、売上げ１２０万円、利益は30万円です。売上げは１２０万円でＢさんのほうが金額は高くなります。しかしフタをあけてみれば、Ｂさんのほうが３件受注して忙しいのに、Ａさんより利益がありません。売上げ金額を追っても、お金が手元に残るわけではないのです。

利益をあげるには、値段のつけ方が重要です。経費より高い売値を必ずつける。ただそれだけです。

ひとり代理店は受け身のお仕事ですが、お客様に求められることを、経費より高い売値をつけて着実に納品していくだけで利益を出すことができます。お客様が欲しているものを素直に形にするだけです。

このように利益だけを追っていれば、毎月の資金繰りを考えることなく、継続していけるのが「ひとり代理店」です。

5 《実践例》原価の倍で受注するマインドセット

相場のない仕事を受注する

タウン情報誌等の広告の掲載料は、金額がおおむね決まっています。

例えば、タウン情報誌のスイーツ特集に5万円で記事型広告を掲載したいというお客様がいます。タウン情報誌掲載の手数料（マージン）は決まっており、だいたい20％程度です。販売手数料は1万円となります。

◆手数料が決まっている仕事は数をこなす必要がある

この場合、タウン誌の編集部に連絡を入れ、原稿を書いてもらいます。お客様と編集部の間に立って、メールで送られてきた原稿を修正してもらうために転送するだけで1万円の利益となります。利益は1万円ですが、こつこつ積み上げれば大きな金額になります。

しかし、誰が担当しても掲載料は同額の5万円です。タウン情報誌が決めた金額で販売し、利益まで決まっています。いくら頑張っても1件の受注金額が6万円になったり、10万円になったりすることはないのです。

◆付加価値で価格が決まる商品を売る

ということは、金額の決まっているものを販売しても、利益率は20％です。毎月30万円の利益を出そうとすると30本以上の広告枠を販売しなければなりません。

これを打破するためには、販売金額の決まっていないものを受注する必要があります。金額が決まっていないので、原価1000円のものを2000円で販売することも、1万円で販売することも可能です。長年継続していくことで、経験値があがり、短い時間で手配や対応ができるようにもなります。こうした付加価値がつき、金額をあげていける商品を売るべきなのです。

⬇価格をつけるときの考え方

ここで注意しなければならないのは、値付けの仕方です。

例えば、WEBサイトの制作をする場合、デザイナーのデザイン制作費10万円、プログラム制作費10万円、写真撮影10万円で合計30万円かかりました。この30万円を原価とします。

この原価に、30％の手数料を上乗せして39万円で見積りを提出する人は多いでしょう。でも、この人に頼みたいと思える人になっていれば、１００％の手数料を上乗せした60万円でも適正価格と判断して依頼してくれる人もいるのです。原価30万円のものを倍の60万円で売るってぼったくりじゃない？　そんなことはありません。

起業すれば、もうあなたは会社員ではありません。初期費用はゼロであっても、新しいパソコンやプリンターの購入費、通信費等の経費をあなたが払う必要があります。所得税、事業税、県・市民税などもこの利益から払わなければなりません。税金だけではありません。会社員時代は会社が半額負担してくれていた健康保険や年金などの社会保険料は全額自己負担となり、あなたが払わなければいけないお金は山ほどあります。

◆あなたでなければできない仕事の対価

60万円でも適正価格であると思って依頼してくれる人は、あなたの能力や人脈資産といった付加価値にお金を支払ってくれています。

仕事が円滑にまわるデザイナーやプログラム制作者、カメラマンがあなたのまわりにはいます。この人脈もあなたが見つけてきた人、あなたでなければ依頼できなかった「できる人」たちです。

これらのできる人にお客様の依頼内容をこと細かに伝え、あなたの脳内を共有し、制作してもらえるように伝えるのはあなたです。できてきた制作物をお客様に提出する前に、チェックする仕事もあります。

◆当初の費用を超えてしまうことも多い

また、お客様の要望をどんどん聞いていくと、当初の見積りより費用がかかってしまうこともあります。手数料を多めに設定していれば、多少経費がかかっても最初に提示した予算内で納品できます。

家を建てるときや結婚式の見積り等でよく耳にするように、後から要望を伝えると金額が高くなっていくのは、お客様としても嬉しいものではありません。そのような思いをしないですむように多少の追加の要望が出ても対応できる予算にしておくことが、仕事が円滑に進む秘訣です。

6 様々な販促提案でまるっと受注

受注実績を増やすことが第一

「この金額では、受けるのは厳しいかな」と感じることは、どんな仕事でもあるでしょう。想定していた受注金額より低く、利益が出せないような場合です。

ですが、とくに起業したてのうちは、受注実績をつくることも大事です。

「ひとり代理店」の販促の仕事は、既製品を売っているわけではありません。なんらかの方法で利益が確保できるやり方があるはずです。

その金額では仕事を受けられませんと、断るのは簡単です。利益をどう確保しようかと難題に挑むことで、利益を生み出す力が養われていきます。「問題は必ず解ける」と信じ、まずは受注実績をつくっていきましょう。

◆自分の手を動かして費用を減らす

最初に考えるのは、仕様を変えず、特殊な工程は自分で対応することです。ビアホールの前売券を500枚受注したとします。予算や印刷枚数は決まっており、連番をつける、ミシン目でカットできる仕様と決まっています。

印刷会社にすべて頼むとある程度の金額がかかってしまいます。しかし、500枚くらいであればミシン目などの特殊な加工を手動で対応してしまえば、出ていくお金は抑えられます。文具屋で売っている、ナンバリング打刻機やミシン目カッターを使い、印刷されたものに加工を加えて原価を抑えることができます。

◆印刷の仕様や用紙の変更を検討する

しかし、この方法は5000枚といった量が多い発注の場合は時間や労力がかかりすぎてしまいます。その場合はデザインを工夫することでなんとかならないか検討します。カラー印刷で受注していた印刷物であっても、デザインによっては1色や2色印刷で対応できることがあります。

例えば、裏面の注意書きの部分は読みやすい黒や青などの1色の印刷にしてしまうという方法があります。印刷の色数を減らせるデザインにしてしまえば、利益を出すことができます。

それも難しい場合は、紙質や紙厚を変えることを考えます。

「こんな特殊な紙に変更すると、前売券の偽造ができないですよ」と紙のサンプルをたくさん持っていきます。「現状の紙の厚みだと財布に入れていると折れ目がついてしまう可能性があるので、もう少し厚くしませんか?」とメリットを伝えます。紙質や紙厚を変えることで再見積りになれば、金額を変更してもらうチャンスになります。

↓付帯する仕事を提案して受注する

印刷物の場合は、このような対応をすることができますが、すべてこのような手法があるわけではありません。中には仕様も変えられず、販売価格も決まっている販促物があります。

新聞折込などは、検索すると1枚いくらで折込できるのかわかります。折込代1枚3円のものを6円で販売することは難しいでしょう。その場合は、オプションをどれだけ受注できるか、他の仕事を含めてまるっと受注できるかにかかってきます。

◆販促のためのオプションを受注する

例えば、どこのエリアに折込をするか決める際、年収や年齢、持ち家が多いエリアなど新聞社が持っている国勢調査のデータを使い、折込に効果がありそうなエリアを抽出してもらいます。

ターゲットが、リフォームであれば、持ち家が多いエリアで、年齢は50代以上と設定し、エリアの提案をします。これであれば、新聞社に抽出してもらったデータ費用としてオプション受注をし、売上げをアップすることが可能です。

また、チラシのデザインはできているので、折込だけでなくポスティングやＤＭなども提案し、「配布をする」という部分をまるっと受注して金額を上げることを考えます。新聞折込代が３円の場合、販売手数料は３銭。それでも積み重なれば大きな金額になります。

注意してほしいのは、チラシのデザインや印刷を別の会社が請け負っている場合、その仕事も請けようとする必要はないことです。お客様の販促物のすべてを請け負うことはないのです。様々な違う会社が販促に携わっているおかげで、お客様の売上げがあがっていくのです。

競合が出てきたら引き下がることも

競合が出てきて、単純に金額比較だけで、安いほうを選択するお客様からは撤退することも大切です。

以前から仕事を発注し、人生相談までのっている人がいました。副業でＥＣサイトをつくりたいと考えているとの相談でした。仕事を依頼する際もその人からの要望を聞き、営業方法について相談にのり、お客様を紹介することもありました。それでも「何社か相見積りをとろうと思います」と言われてしまったのです。

お金ではなく、この人に寄り添っていたつもりだったのに、なにも心には響いていなかったのだなと反省しました。しかし、見積りの相手がいる以上、金額の戦いになります。競合先と共に値引き合戦になっては、いずれが受注しても苦しい仕事になるでしょう。こういうときは仕事を他社にゆずって手を引きましょう。

可能な限り、「あなたに頼みたい」と言ってくれるお客様と一緒に仕事をするのが、売上げをあげることになるのです。

Column

販促に使える国・地方の補助金を調べてお伝えしよう

●販促の優先順位は高くない

店舗や企業は日々、営業しています。動いています。目の前の仕事に追われ、販促をする時間がない。「店舗や商品、サービスが知られていないから売上げがあがらない」とわかっているけれど、お金がない。

こういう話は個人経営の店舗や中小企業では日常茶飯事です。材料や商品を仕入れ、従業員に給与を払うことが最優先事項で、販促は時間ができたときや、お金ができたらやることとされ、優先順位は低めです。

ある店舗から、「売上げを伸ばすために周辺にポスティングをしたいから一度見積りを出してほしい」と言われ、見積りを提出しました。見積金額を見て「今はお金がないから、周年祭のときにやろうかな」と言われて、そのままにしていたら流れてしまったこともあります。

「このお金があったらお店の新しい冷蔵庫を買いたいな」などと思ってしまうのです。

「鶏《にわとり》が先か、卵が先か」の話になりますが、売上げがあがれば冷蔵庫どころか、他の器材や備品も購入できます。売上げをあげることから着手したほうがいいのですが、現実はそういうわけにはいきません。

●販促に使える補助金を知らない人も多い

では、販促に使った金額の3分の2を補助してもらえる補助金があったらどうでしょう。75万円の販促を行うと50万円補助してもらえ、店舗や企業の負担分は25万円です。販促が優先的にやりたいことにランクアップします。

後回しにしていた販促を最優先事項にする方法が「国・地方の補助金」です。補助金には申請締切があり、実施に期限がありますから、「また今度」というわけにはいきません。「今、やりましょう！」と経営者の背中を押してくれます。

多くのお客様は販促に使える補助金があることを知らず、諦めてしまっている可能性もあります。あなたが補助金の存在を教えることで、お客様は売上げをアップさせるチャンスを得ます。そして、あなたの売上げもあがるのです。

個人事業主、中小企業の販促費用の補助をしてくれる補助金として有名なものが「小規模事業者持続化補助金」です。２０１４年にはじまり、20人以下の従業員を抱える小規模事業者が、持続的に経営を続けられるように、販路開拓支援等を目的とした補助金です。

「小規模事業者持続化補助金」のサイトで、お客様が実施したい販促方法が補助金に該当するかどうかを確認し、申請締切や実施期限などをチェックして補助金の案内をしましょう。

「小規模事業者持続化補助金」を紹介したあとは、商工会議所、商工会にお任せします。お客様に該当の地域の商工会議所、商工会に話を聞きに行ってもらい、申請手続きや必要書類などを確認してもらいます。

商工会議所等も意欲的に相談に来た小規模事業者に丁寧に対応してくれます。どんなふうに申請書を記入したらよいのか相談にのってくれ、申請書を記入したあとも修正したほうがよい箇所などのアドバイスをくれます。

申請書等の手続きに多少の手間がかかるのが難点ですが、先に述べたように販促費75万円を支払ったら50万円を補助してもらえます。ということは、50万円の利益を出したことと同じだと考えましょう、とお客様に伝えます。

すると、煩雑な申請手続きや必要書類などの準備も利益50万円のためと、気持ちよく進められるのです。

おわりに

本書を手に取っていただいた方に、最後にお伝えしたいことがあります。

「出逢うべきときに出逢う」

日本では年間6万5000点もの本が出版されるそうです。その中から、1冊を選び、読んでいただいた。この事実はあなたの人生にとって必然的な「出逢い」といえます。今日がそのタイミングだったのです。

本書には、お名前までは出していませんが、100以上のお客様に登場していただいております。どのお客様も出逢いをきっかけに一歩を踏み出し、それを積み重ねているからこそ、私のまわりは売上げがあがり続けているお客様ばかりなのです。

本書を手にとったすべての人が、今置かれている境遇も違い、伝わったこと、感じたこともそれぞれ違うことでしょう。うまくいく人は共通して、できない理由を考えることに時間を使うのではなく、できる方法を考えています。それを1つでも実践すれば、未来が変わっていくのです。

私の人生のテーマは「人は死するとき、なにを得たかではなく、なにを与えたかである」です。この出版という体験を通じて、実体験を多くの人に包み隠さず伝えることも「与える」ことの1つなのだと気づきました。

私自身、全国各地のセミナー開催を増やし、ひとりでも多くの人が豊かな人生になるよう、伝え続ける一歩を踏み出します。あなたも一緒に、新たな一歩を踏み出しませんか？

あなたが一歩を踏み出したということが私の糧になります。

メールアドレス：emi.jp.1472@gmail.com に本書の感想等と共にお送りくださると嬉しく思います。時間はかかるかもしれませんが、お返事させていただきます。

最後に、私は人生で出逢った皆様によって形成されています。そう、今読んでくれているあなたもです。出逢ってくださったすべての人に心からお礼をお伝えいたします。

小宮絵美

小宮絵美（こみや　えみ）
ひらり宣伝社代表。短大卒業後、地元・広島県のシステム会社の営業を経て、広告代理店に転職。営業トップの成績を残すなど10年半のキャリアを積む。転勤族の夫と全国を転々とする中、広告代理店時代のお客様から「あなたにお願いしたい」とオファーを受け、2017年に「ひとり広告代理店」として自宅起業。その後、拠点を移しながら、東京・愛知・大阪・広島・福岡など５年で100社以上の顧客を抱えるまでに成長。大企業から個人商店まで幅広い顧客を担当し、紹介のみで業績を伸ばし続けている。きのこ検定１級を取得するほど、きのこ好き。

自宅《じたく》で年収《ねんしゅう》1000万円《まんえん》
「ひとり代理店《だいりてん》」で稼《かせ》ぐ新《あたら》しい起業《きぎょう》の教科書《きょうかしょ》

2024年４月20日　初版発行
2024年８月10日　第２刷発行

著　者　小宮絵美 ©E.Komiya 2024
発行者　杉本淳一

発行所　株式会社日本実業出版社　東京都新宿区市谷本村町３−29 〒162-0845
編集部　☎03-3268-5651
営業部　☎03-3268-5161　振　替　00170-1-25349
https://www.njg.co.jp/

印　刷／厚徳社　　製　本／若林製本

ISBN 978-4-534-06092-1　Printed in JAPAN